要点からもういちど

再挑戦！

大人のおさらい

日本史ドリル

語研編集部［編］

語研

はじめに

　社会に出てから「日本人なのに日本のことがわからない」と感じたことはありませんか。「年号や固有名詞をとにかく暗記して，テストが終わったらすべて忘れてしまった」という〈社会科〉〈日本史〉の経験はありませんか。日本史の知識に自信があると胸を張って言える大人は，実はそれほど多くはないのではないのでしょうか。

　日本史は大変身近な存在です。日本で義務教育を受けた人であれば一度は必ず学ぶ内容ですし，クイズや映画・ドラマなどでも日本史の話題はよく取り上げられます。最近ではアニメやゲームの題材として扱われることも非常に多く，大ヒットしたタイトルも少なくありません。そのような作品に出会ったときに「もう少し知識があればもっと楽しめるのに」と思ったことのある大人は少なくないはず。そんな思いから生まれたのがこのドリルです。

　本書では，原始・古代から近現代までの日本史を広く学び直し，一度学んだ知識を再確認できます。Ⅰ章から順に，原始・古代（旧石器時代〜平安時代），中世（鎌倉時代〜安土桃山時代），近世（江戸時代），近代・現代（明治時代以降）のできごとを取り上げています。ドリル形式ですので，まずは問題を解いて「そういえばこんな言葉があったな」「これは昔習ったな」と思い出すところから始めてみましょう。いったん記憶のふたが開けば，だんだんと知識がよみがえってくるはずです。解いて，読んで，楽しみながらこのドリルを使ってみてください。

　飛鳥時代に最初の元号「大化」が定められてからおよそ1400年。学生時代に暗記科目だと思っていた方ほど，大人になってからこのダイナミックな日本史の魅力を再発見できるかもしれません。みなさんの教養を深めるきっかけとして，本書が役に立つことを願っています。

　※このドリルは中学校・高等学校の学習指導要領に準拠しているものではありません。また，教科書等で使用されている用語とは異なる表現を使用している箇所があります。

目 次

Ⅰ　原始・古代

Ⅱ　中世

Ⅲ　近世

Ⅳ　近代・現代

本書の特長と構成

特長 1　日本史の流れを総合的に学び直せる

　本書では，中学校で学ぶ日本の歴史を中心に出題しています。一般知識として知っておきたい内容を総合的に学び直すことができるので，かたよりなく知識を整理し，復習することができます。少し踏み込んだ内容の出題も含まれていますが，正答できなくても気にする必要はありません。「新しい知識が身についた！」と前向きにとらえましょう。

特長 2　時代の流れを追いながらトピックスごとに学べる

　歴史を学ぶうえでは，流れを把握することがとても重要です。本書は，年表の順で学べる構成になっています。美術や文学など文化に関わるトピックスについては，独立して学べるように単元を分けて構成しています。

特長 3　先に問題を解くことで興味を持って学習できる

　まずは問題にチャレンジするところからスタートです。知識を身につけてから問題を解くのではなく，先に問題を解いてから解説を読むことで，単なる知識や用語の暗記にとどまらず，過去に学んだ知識を掘り起こしておさらいしながら学べる構成になっています。

特長 4　覚えておいてソンはない！旧国名ドリルつき

　旧国名は，現代でも地名や固有名詞で頻繁に使われています。自分にとって身近な地域の名前から，徐々に範囲を広げて覚えるとよいでしょう。日本史だけでなく，地理の話題や旅行の際にも役立つ知識です。

　▶▶歴史上のできごとには背景があり，利害関係や思惑があり，複数の関係人物が存在します。それらすべてを解説のページだけで説明することはできません。問題を解き，解説を読んでいるうちに疑問やもっと知りたいことが出てきたら，特定の時代や人物にフォーカスした本などを探して読んでみることをおすすめします。インターネットを利用して調べてみるのも手軽でよいでしょう。できごとの背景を理解し，興味があるところから詳細を掘り下げていくことで，日本史の知識はぐっと深まります。ドリルを進めながら，興味があるトピックスを見つけてみてください。

右ページ：問題ページ

まずは問題を解いてみましょう。短答式の問題（できごとの名称や人名，地名などの単語を答える問題）と，選択式の問題（選択肢からあてはまる記号または単語を選ぶ問題）があります。文章から誤りを見つけて正しいことばに直す問題などもあります。

①	単元番号
②	単元名
③	学習の日付／正答数
④	チェックボックス
⑤	解答欄

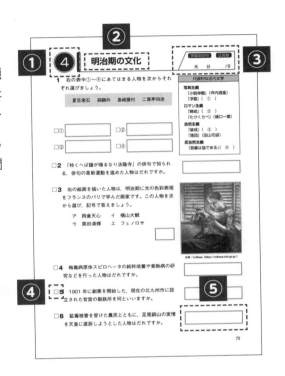

左ページ：解答・解説ページ

前のページで解いた問題の答えを確認しましょう。解説では，用語のポイントやできごとの背景となる知識について説明しています。

①	解答
②	解説
③④	写真・図表など

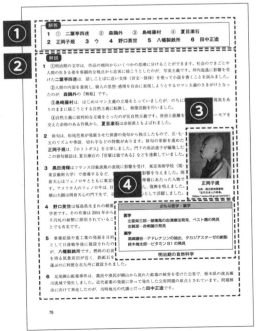

【装丁】由無名工房　山田 麻由子
【カバーイラスト】きなこもち

I

原 始 ・ 古 代

歴史のヒント① 旧石器時代～平安時代

歴代天皇系図

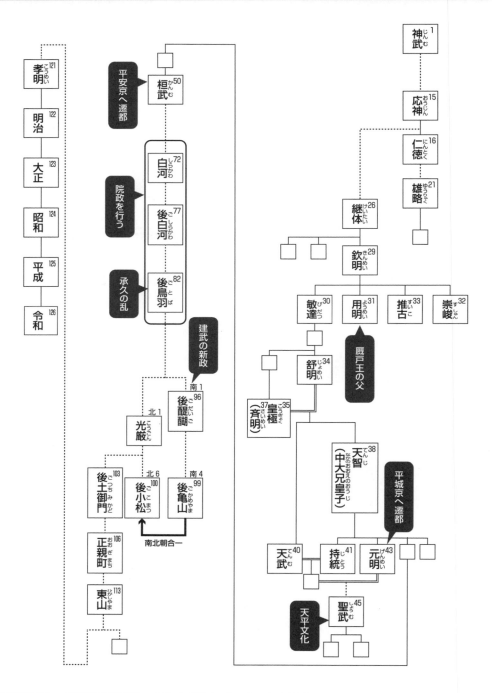

数字は即位順。点線は間の天皇，人物を省略していることを示す。

「南」は南朝，「北」は北朝の天皇を示す。

① 自然と共に生きる人々

□ **1** 打製石器が使われていた時代を何といいますか。

□ **2** 石を鋭く磨いて作った石器を何といいますか。

□ **3** 縄文時代の人々が住んだ住居を何といいますか。

□ **4** 縄文時代の人々が狩っていた動物を次から選びましょう。

オオツノジカ　イノシシ　ナウマンゾウ

5 次の文の①～③にあてはまる語句をそれぞれ書きましょう。

　縄文時代は，複数の家族が集団で定住生活を送っていた。（　①　）を使った食べ物の煮炊きや，丸木舟を使った漁だけでなく，遠く離れた地域との交易も行っていた。人々の定住地には食べ物のかすや土器などを捨てた（　②　）があり，当時の生活の様子を知ることができる。また，信仰が行われており，おもに女性をかたどった（　③　）という土製の人形などが作られた。

□① 　　　　　　　　　□② 　　　　　　　　　□③

6 右の図は，発掘された遺跡の場所を示しています。
図中①～④の遺跡を次からそれぞれ選びましょう。

大森貝塚　　野尻湖底遺跡
岩宿遺跡　　三内丸山遺跡

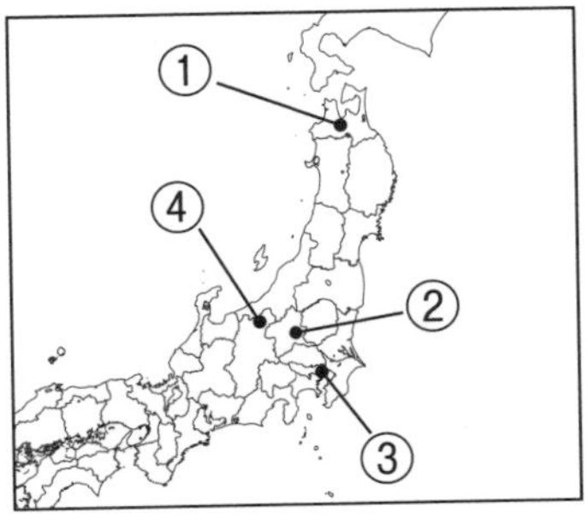

□① 　　　　　　　　　　□②

□③ 　　　　　　　　　　□④

解説

1　人類がマンモスなどの大型動物を狩猟し，打製石器を使用していた時代を**旧石器時代**とよびます。長野県の野尻湖などでナウマンゾウやオオツノジカの化石が発見されていることから，大陸と陸続きだった時代に，それらの動物を追って人類が日本へ移動してきたと考えられています。また，静岡県浜北や沖縄県港川の地層からは，この時代の人骨の化石が発見されています。日本列島が現在のような形になったのは，氷河時代の末期である約1万年前と考えられています。

2　**磨製石器**が使われた時代を新石器時代とよびます。黒曜石などを打ちつけるなどして作られた打製石器に対して，みがいて作られた磨製石器は，なめらかな表面が特徴です。

3　縄文時代の人々は，地面を掘り下げ，そこに屋根をかぶせて作った**竪穴住居**に住んでいました。住居の中には炉も備えられ，数軒の住居で集落を形成して生活していたことが判明しています。

4　旧石器時代には，マンモスやオオツノジカ，ナウマンゾウなどが生息していました。これらの大型動物に代わって，**イノシシ**やニホンジカなどの小型動物を狩猟するため，人々は弓矢を用いたり，落とし穴を作ったりして獲物を捕獲していました。

5　①食事に使用していた土器は，表面の縄目文様から**縄文土器**とよばれます。食べ物の煮炊きや保存が可能になり，食糧を安定的に確保できるようになった結果，定住生活が始まりました。

　②集落があった場所の多くには，貝類が堆積した**貝塚**が残されています。貝塚からは多数の人骨も出土しており，縄文時代の生活習慣や死者の埋葬方法などを知ることができます。

　③**土偶**が作られた目的や意図は解明されていませんが，縄文時代の人々は独自の信仰を持っていたと考えられています。

6　①青森県の**三内丸山遺跡**では，竪穴住居跡や墓跡などが確認されています。

　②群馬県の**岩宿遺跡**では，相沢忠洋が打製石器を発見しました。この発見によって，日本に旧石器時代が存在したことが判明しました。

　③東京の**大森貝塚**は，アメリカの動物学者モースが発掘しました。モースはダーウィンの進化論を日本に紹介したことでも有名です。大森貝塚の発掘後，日本全国で貝塚の調査が行われるようになりました。

　④長野県の**野尻湖底遺跡**では，ナウマンゾウやオオツノジカの化石が発見されました。

三内丸山遺跡

出典：JOMON ARCHIVES
（縄文遺跡群世界遺産保存活用協議会撮影）

2 稲作と古墳

□ **1** 弥生時代に使われていた，模様が少ない赤褐色の
土器を何といいますか。

□ **2** 佐賀県にある弥生時代の遺跡を何といいますか。

□ **3** 弥生時代の遺跡として<u>正しくないもの</u>を次から選びましょう。

高床倉庫　　須恵器　　銅鐸　　鉄器

□ **4** ３世紀ごろ，中国の魏に使いを送った邪馬台国の
女王はだれですか。

□ **5** 邪馬台国についての記述がある中国の歴史書を次から選びましょう。

『漢書』地理志　　『隋書』倭国伝

『魏志』倭人伝　　『後漢書』東夷伝

□ **6** 右の図のような形をした古墳を何といいますか。

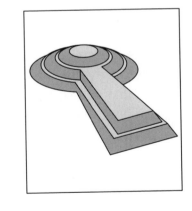

□ **7** 右の図のような形をした古墳のうち，大阪府堺市
にある最大の古墳を何といいますか。

8 右の図のような古墳が作られた時期の日本の様子について，次の文が説明して
いる語句をそれぞれ書きましょう。

① 近畿地方に成立した，大王を中心に成立した政治勢力
② 中国や朝鮮半島など大陸から日本に渡り，漢字や儒教を伝えた人々
③ 百済からもたらされたインドでシャカ（釈迦）が開いた新しい信仰

□① 　　　　　　　　　　□② 　　　　　　　　　　□③

13

1 弥生土器　　**2** 吉野ヶ里遺跡　　**3** 須恵器　　**4** 卑弥呼

5 『魏志』倭人伝　　**6** 前方後円墳　　**7** 大山（大仙陵）古墳

8 ① ヤマト王権（政権）　　② 渡来人　　③ 仏教

解説

1　東京の弥生という場所で発見された**弥生土器**は，縄文土器に比べて薄手で堅く，米などを貯蔵するためにも使われたことが特徴です。この土器を使い，農耕を中心とした生活が営まれていた時代を弥生時代とよびます。

2　**吉野ヶ里遺跡**は，現存する日本最大級の遺跡です。集落は環濠とよばれる濠で二重に囲まれており，物見やぐらと思われる建物跡などが発見されています。頭部が失われた人骨など，当時の社会を知る手がかりとなるものも多数出土しています。

3　**須恵器**は，古墳時代に渡来人から伝来した技法で作られました。窯を使って焼かれる，灰色で硬い土器です。弥生時代の遺跡で見られることはありません。銅鐸や銅剣，銅矛（鉾）などは弥生時代に朝鮮半島から伝わった青銅器ですが，日本では武器としてではなく，大型化して祭祀の道具として用いられました。鉄器はおもに武器や農具として使用されていました。

4　邪馬台国の女王**卑弥呼**は，魏に使者を送り，魏の皇帝から「親魏倭王」の金印紫綬などを授けられたことが中国の歴史書に記されています。

5　邪馬台国の記述があるのは**『魏志』倭人伝**です。小国間の争いによって乱れていた倭国（日本）において，邪馬台国の卑弥呼が王として立てられたのちに争いが収束したことが記されています。倭が当時100あまりの国に分かれていたことを残しているのが『漢書』地理志です。『後漢書』東夷伝には，倭にある奴国の王が後漢に使者を送り，光武帝から印綬を授かったことが記されています。この印綬とされるものが，博多湾の志賀島で発見された金印です。金印には「漢委奴国王」と刻まれています。

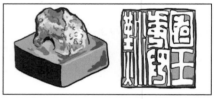

「漢委奴国王」と刻まれた金印

6　古墳時代にはさまざまな形の古墳が存在しましたが，大規模なものの多くは**前方後円墳**です。後円部に死者が埋葬されました。

7　**大山古墳**は，仁徳天皇の陵墓と伝えられていますが，明らかにはされていません。ヤマト政権の首長である大王の墓とされる古墳は，他の古墳と比べて規模が大きいことが特徴です。

8　①**ヤマト王権**は畿内を中心として，のちに九州から東日本まで勢力を広げていきました。

　②**渡来人**は儒教や漢字のほか，須恵器や土木・工芸技術なども日本に伝えました。

　③**仏教**はインドから中国，朝鮮半島に伝わり，朝鮮半島から日本に伝来しました。

③ 推古朝と大化の改新

□**1**　厩戸王（聖徳太子）が摂政を務めた天皇はだれですか。

□**2**　右の資料は，この時代に定められた役人の心得です。これを何といいますか。

> 一に曰く，和を以て貴しと為し，忤ふること無きを宗とせよ。
> 二に曰く，篤く三宝を敬へ。
> 三に曰く，詔を承りては必ず謹め，君をば天とす。臣をば地とす。

□**3**　小野妹子が2度にわたって派遣された中国の王朝を何といいますか。

□**4**　厩戸王が建立した，世界最古の木造建築として世界文化遺産に登録されている寺を何といいますか。

□**5**　大化の改新について述べた次の文には，1箇所誤りがあります。誤りを下線部から1つ選び，正しい答えに直しましょう。

> 厩戸王の死後，豪族が大きな力をもつようになり，特に蘇我氏は天皇をしのぐほど強大な力をつけていた。渡来人の子孫の僧侶や学者から学問を学んでいた中大兄皇子と持続天皇は，天皇中心の国づくりを実現するため，蘇我入鹿を殺害し，さまざまな改革を進めた。その後，中大兄皇子は天智天皇として即位し，中央集権国家の実現をめざした。

誤　　　　　　→　正

□**6**　中大兄皇子が朝鮮半島に大軍を派遣し，唐・新羅の連合軍に敗北した戦いを何といいますか。

□**7**　壬申の乱に勝利して即位した天皇はだれですか。

15

解説

1 厩戸王（聖徳太子）は初の女性天皇である**推古天皇**の甥にあたります。推古天皇は豊浦宮に宮を構えました。摂政とは，天皇に代わって政治を行う役職で，のちに天智天皇となる中大兄皇子も母である斉明天皇の摂政を務めました。

2 推古朝では天皇中心の国家をめざして多くの政策が行われました。**憲法十七条**では，天皇の命に従うこと，仏教を敬うことなどを定めています。また，氏姓制度を改め，身分に関わらず個人の能力に応じて冠位を与えることを取り決めた冠位十二階の制度も制定しました。

3 **隋**の制度や文化を取り入れるために派遣された遣隋使には，隋と対等の立場で外交を進めることで，朝鮮半島に対する優位性を確保するという目的もありました。小野妹子は，第2回と第3回の遣隋使として607年に派遣された人物です。

4 仏教を信仰した有力豪族は，各地に多くの寺院を建立しました。**法隆寺**のほか，厩戸王は奈良の中宮寺や大阪の四天王寺などを建立しています。

5 天皇中心の中央集権国家をつくるため，中大兄皇子とともに乙巳の変を起こしたのは**中臣鎌足**です。蘇我馬子の子である蘇我蝦夷は大臣となり，孫の入鹿は山背大兄王を滅ぼしました。また蘇我氏は，自分の娘を天皇の妃とすることで外戚として力をふるうなど，権力の独占化が進んでいたため，この状況を改めるためのさまざまな改革が進められました。日本最初の元号である「大化」が定められたのはこのときです。天智天皇の娘の**持統天皇**は，天武天皇の妃でもあり，天武天皇の死後に即位しました。

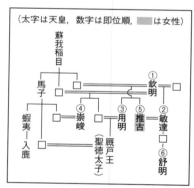

天皇家と蘇我氏の関係

6 斉明天皇の時代，朝鮮半島では新羅が急速に力をつけ，唐（中国）と連合して倭と関係の深かった百済を滅ぼしました。当時摂政を務めていた中大兄皇子は，百済復興のために朝鮮半島沖の白村江に軍を派遣しますが，663年に唐・新羅連合軍に敗れました（**白村江の戦い**）。668年には高句麗も滅亡し，新羅は朝鮮半島統一を完成させます。のちに天智天皇として即位した中大兄皇子は，新羅や唐の侵攻に備えて水城や山城を設け，防人の配備などを行って国内の守りを固めました。

7 天智天皇の死後，弟の大海人皇子と息子の大友皇子の間で皇位継承争いが起こりました（壬申の乱）。大友皇子を破った大海人皇子は，のちに**天武天皇**として飛鳥浄御原宮で即位しました。「天皇」という称号が用いられるようになったのはこの時代とも考えられています。

④ 律令国家の形成

□**1**　701 年に完成した日本初の律令を何といいますか。

□**2**　**1**で定められた国政のしくみのうち，外交や防衛のために九州に置かれた役所を何といいますか。

□**3**　戸籍にしたがって 6 歳以上の全男女に口分田が与えられ，死亡したら返す制度を何といいますか。

4　右の表は，当時の農民が課せられた税や労役などの負担についてまとめたものです。図中①〜③にあてはまる語句を次からそれぞれ選び，記号で答えましょう。

　　　ア　雑徭　　イ　租　　ウ　庸

□①　　　　　　□②　　　　　　□③

（①）	収穫した稲の約3％を納める
調	布・糸や地方の特産物を納める
（②）	労役の代わりに布を納める
（③）	土木工事などの労役を行う
兵役	兵士として都や九州，各地方の警備にあたる

□**5**　唐にならって作られた，日本で初めて通貨として広範に流通した銅銭を何といいますか。

□**6**　710 年に奈良に置かれた，碁盤の目状に整備された都を何といいますか。

□**7**　743 年に東大寺に大仏を造ることを命じた天皇を次から選びましょう。

　　天武天皇　　持統天皇　　元明天皇　　聖武天皇

□**8**　**7**の天皇と関わりのない語句を次から選び，記号で答えましょう。

　　ア　飛鳥寺　　　　　　イ　天平文化
　　ウ　螺鈿紫檀五絃琵琶　　エ　鑑真

解説

1　**大宝律令**は，唐の律令にならって制定されました。律は罪を犯した際の刑罰，令は政治のしくみや現在の民法のような一般的な内容を定めています。中央には二官八省が置かれ，国・郡・里に区分された地方は，中央から派遣された国司や郡司によって統治されました。律令の成立によって，天皇を中心とする中央集権国家体制が整ったことになります。

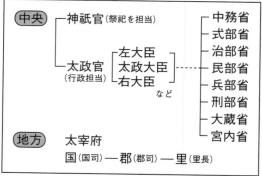

律令政治のしくみ

2　律令体制においては，重要な地域には特別な役所が置かれていました。朝鮮半島に近い九州には，外交や国防の役割を担う**大宰府**が置かれました。大宰府防備にあたる兵士は防人とよばれ，成年男子の兵役のひとつとして定められていました。

3　**班田収授法**は唐の均田制にならって取り決められた制度ですが，唐で土地が与えられたのは良民成年男子のみでした。

4　①**租**は，口分田で収穫した稲のおよそ3パーセントを税として納める義務です。

②農民の代表者が品物を都へ運ぶ調や**庸**は，人々にとって大きな負担となりました。

③**雑徭**は，土木工事などの肉体労働などに従事することを求められる労役のひとつです。

5　中国を支配していた唐は，東アジアの中心国家として政治的，文化的に繁栄していました。銅銭の発行は，律令国家として体制を整え始めた日本が遣唐使の派遣を通して唐から学んだことのひとつです。天武天皇の時代，すでに富本銭が作られていましたが，制度として流通した貨幣としては**和同開珎**が最初とされています。

6　現在の奈良市に置かれた都が**平城京**です。唐の都であった長安を手本として造営された本格的な都城で，元明天皇の時代に遷都されました。

7　この時代，都は疫病の流行や内乱によって混乱を極めていました。仏教をあつく信仰していた**聖武天皇**は，仏教の力で国の平和と安定を保とうとする鎮護国家思想にもとづいて，東大寺に大仏を建立することを命じました。また，国ごとには国分寺・国分尼寺を建てました。

8　**飛鳥寺**は蘇我馬子の発願による日本初の本格的仏教寺院です。聖武天皇の遺品のひとつとして知られる螺鈿紫檀五絃琵琶は，天平文化を代表する美術品で，インド起源の楽器です。日本の求めに応じて唐から来日した**鑑真**は，東大寺大仏前で聖武太上天皇に授戒しました。

5 平安時代のはじまり

学習の日付　正答数
月　日　/9

□**1**　794 年に都を平安京に移した天皇はだれですか。

□**2**　右の図は，平安京に都が移されるまでに都が置かれた場所です。平安京の位置を図中ア～オから選び，記号で答えましょう。

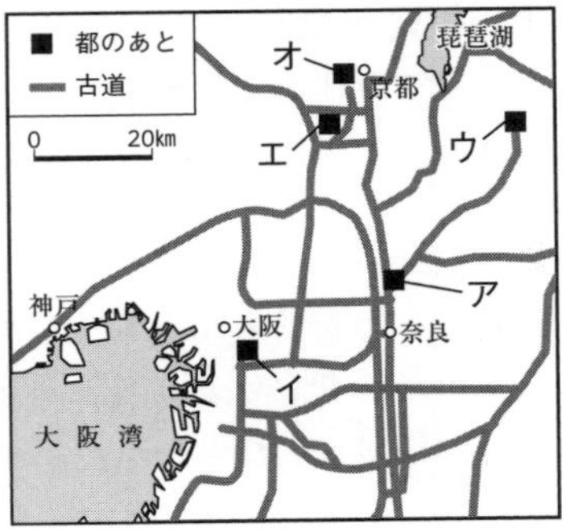

■ 都のあと
古道
0　20km
琵琶湖
オ
京都
エ
ウ
ア
神戸
大阪
奈良
イ
大阪湾

□**3**　蝦夷について説明した文として正しいものを次から選び，記号で答えましょう。

ア　東北地方で朝廷の支配に抵抗した人々
イ　九州南部で朝廷の支配に抵抗した人々
ウ　朝鮮半島から日本にやってきた人々
エ　北海道に古くから住む人々

□**4**　蝦夷征討のために派遣された坂上田村麻呂が任命された役職を何といいますか。

□**5**　坂上田村麻呂の征討によって降伏した蝦夷の首長はだれですか。

6　次の文の①～④にあてはまる語句を次からそれぞれ選びましょう。

遷都によって政治との結びつきを断たれた奈良の仏教勢力に代わって，唐から帰国した最澄の（　①　）と空海の（　②　）が台頭した。最澄は比叡山に（　③　），空海は高野山に（　④　）を建て，山中の修行や加持祈祷によって個人の現世利益がもたらされるという教えを人々に広めた。

天台宗　真言宗　金剛峯寺　延暦寺

□①　　□②

□③　　□④

1 桓武天皇　　**2** オ　　**3** ア　　**4** 征夷大将軍　　**5** 阿弖流為

6 ① 天台宗　　② 真言宗　　③ 延暦寺　　④ 金剛峯寺

解説

1　**桓武天皇**が794年に平安京に都を置いてから，政治の中心が鎌倉幕府に移るまでの約400年間を平安時代とよびます。ただし，鎌倉時代以降も天皇は京都におり，明治維新で皇居が東京へ移されるまで京都は宮都であり続けました。

2　奈良時代の聖武天皇は，疫病の流行や貴族の争いなどで混乱した朝廷を立て直すため，数回にわたって遷都を行いました。それが恭仁京，難波宮，紫香楽宮です。その後，再び平城京に戻りました。長岡京は桓武天皇が平城京の次に都を置いた場所です。長岡京への遷都は反対が多く，造営責任者の暗殺なども起きたために再び遷都することになり，**平安京**がつくられました。

都の変遷

3　**蝦夷**とは，東北地方の人々を指す言葉です。彼らはしばしば朝廷に対して抵抗しました。九州南部に居住した人々は隼人とよばれる人々です。大隅国（現・鹿児島県大隅半島）の隼人は朝廷に反抗して大規模な反乱を起こしましたが，この乱は鎮圧され，隼人は朝廷に服属しました。朝鮮半島から日本に渡ってきた人々は渡来人です。北海道に古くから住む人々はアイヌです。アイヌの人々が住む地域は，蝦夷地とよばれました。

4　坂上田村麻呂は**征夷大将軍**に任命され，蝦夷の拠点だった胆沢（現在の岩手県奥州市）を制圧し，胆沢城を築きました。

5　蝦夷の首長であった**阿弖流為**は，朝廷の征討軍を破って抵抗を続けましたが，坂上田村麻呂らの軍との戦いに敗れ，降伏しました。坂上田村麻呂は阿弖流為の助命を朝廷に求めましたが聞き入れられず，処刑されました。

6　奈良時代には，仏教が政治において重要な役割を担っていましたが，桓武天皇は仏教勢力が強大になりすぎることを恐れて，寺院や僧を厳しく監督しました。

　①③最澄は，804年に遣唐使とともに唐に渡りました。唐の天台山で法華経や密教を学び，唐から伝えた**天台宗**の寺として比叡山の**延暦寺**を本拠地としました。密教とは秘密の教えという意味で，教えは口伝され，加持祈祷によって即身成仏（生きたまま仏の境地に至ること）をめざします。天台宗の密教は台密とよばれます。

　②④最澄と同じく唐に渡った空海は，長安で密教を極め，高野山の**金剛峯寺**で**真言宗**を開きました。真言宗の密教は，空海が天皇から賜った教王護国寺（東寺）を道場としたことから，台密に対して東密とよばれます。空海は書道に優れた三筆のひとりで，弘法大師の名でも知られています。

貴族の栄華

□1 10世紀以降，藤原氏が摂政・関白の地位を独占して行った政治を何といいますか。

□2 11世紀前半に藤原氏の全盛期を築いた親子の組み合わせとして，正しいものを次から選び，記号で答えましょう。

ア　藤原鎌足 ― 藤原不比等　　イ　藤原良房 ― 藤原基経

ウ　藤原基経 ― 藤原忠平　　エ　藤原道長 ― 藤原頼通

□3 平安時代中期に登場した，武芸を専業とする一族が結びついて形成された集団を何といいますか。

□4 平氏や源氏の大将など，一族の家子・郎党を率いた人物のことを何といいますか。

□5 939年に関東で反乱を起こし，常陸・下野・上野一帯を占拠した人物はだれですか。

□6 瀬戸内海で反乱を起こし，大宰府を攻め落とした人物を次から選びましょう。

源経基　　藤原純友　　平高望　　藤原秀衡

□7 右の図中Ａの天皇は，退位後も  で囲まれた時期に政治の実権を握っていました。Ａにあてはまる人物はだれですか。

□8 図中のＡや鳥羽，後白河は，天皇の位を譲った後も上皇として政治の実権を握りました。このような政治体制を何といいますか。

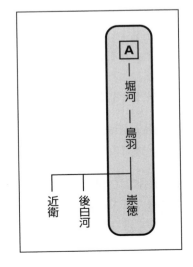

Ａ
― 堀河 ― 鳥羽
近衛　後白河　崇徳

解説

1　藤原氏は，自分の娘を天皇に嫁がせることで，天皇の外戚となりました。摂政および関白の役職を藤原氏が独占して政治の実権を握ったことから，**摂関政治**とよばれます。

2　藤原氏はもともと中臣鎌足が天智天皇から藤原姓を賜って始まった家系です。鎌足の子不比等は大宝律令の制定を進め，不比等の４人の息子はそれぞれ南家・北家・式家・京家を興しました。このうち，北家の冬嗣が天皇の外戚として力を伸ばし，その子の良房は応天門の変を契機に正式に摂政となりました。子の基経，忠平を経て，４人の娘を天皇の妃にして藤原氏の全盛期を築いたのが**道**

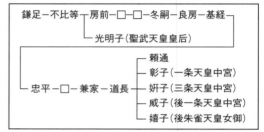

藤原氏の系図

長です。子・**頼通**の時代も栄えましたが，頼通の娘に天皇の子がなかったため，藤原氏を外戚としない後三条天皇が即位することになり，摂関政治は衰退しました。

3　平安時代中期に地方政治が乱れるなか，戦を専業とする身分の登場が武士の起源と考えられています。地方の有力豪族や，国司として地方に派遣されたのちに現地に土着した人物の子孫などが武士となりました。彼らは家子や，郎党（郎等）を従えて**武士団**を結成しました。

4　武士団は皇族出身の貴族を武士の**棟梁**として仰ぎました。その代表が，天皇の子孫で皇族を離れて平姓・源姓を与えられた桓武平氏と清和源氏です。

5　**平将門**は，桓武平氏の平高望の孫です。平高望は上総（現・千葉県）の国司として現地に赴任し土着したため，その子孫は関東で勢力を広げました。平将門は一族間の争いの延長で常陸（現・茨城県），下野（現・栃木県），上野（現・群馬県）の国府を襲い，新皇と称して関東一円を支配しました（平将門の乱）。

6　10世紀半ば，瀬戸内海では**藤原純友**が海賊を率いて反乱を起こしました（藤原純友の乱）。藤原純友は藤原北家の家柄で，もとは伊予（現・愛媛県）の国司として海賊の取り締まりを行いながら土着して勢力を広げていた人物です。この乱は源経基らによって鎮圧されました。平将門の乱と藤原純友の乱を合わせて承平・天慶の乱とよびます。

7　**白河天皇**は後三条天皇と藤原公成の娘茂子との第１皇子ですが，茂子が摂関家出身ではないため摂関家の影響が弱く，皇位継承後も天皇親政を展開することができました。

8　**院政**は白河上皇の時代に本格的に始まり，上皇が権力を握り続けるために天皇は名目だけの存在となります。上皇は院宣や院庁下文を発給し，専制的政治が行われました。また，白河・鳥羽・後白河上皇は出家して法皇を名乗り，仏教をあつく信仰しました。

7 | 国風文化と浄土信仰

□**1**　遣唐使の停止を進言し，藤原氏の陰謀によって大宰府に左遷された役人はだれですか。

□**2**　10世紀に初めて天皇の命によって編纂された勅撰和歌集を何といいますか。

3　次の①～③は，**2**の勅撰和歌集に収められている句です。①～③の作者を次からそれぞれ選びましょう。

①　人はいさ　心も知らず　ふるさとは　花ぞ昔の　香ににほひける
②　秋来ぬと　目にはさやかに　見えねども　風の音にぞ　おどろかれぬる
③　思ひつつ　寝ればや人の　見えつらむ　夢と知りせば　覚めざらましを

在原業平　　小野小町　　紀貫之　　藤原敏行　　僧正遍昭

□①　　　　　　　　　　□②　　　　　　　　　　□③

□**4**　一条天皇の妃で藤原道長の娘である彰子に仕えた女官の名前と，その人物が著した作品の組み合わせとして，正しいものを次から選び，記号で答えましょう。

ア　紫式部 ―『枕草子』　　イ　清少納言 ―『源氏物語』
ウ　紫式部 ―『源氏物語』　　エ　清少納言 ―『枕草子』

□**5**　9世紀～10世紀ごろにみられた，庭を囲んでコの字形に配置された建物が廊で結ばれている貴族の邸宅様式を何といいますか。

□**6**　現在の京都府宇治市に平等院鳳凰堂を建てた人物はだれですか。

□**7**　藤原清衡が現在の岩手県平泉町に建てた，奥州藤原氏の栄華を象徴する阿弥陀堂を何といいますか。

1 菅原道真　**2** 古今和歌集　**3** ① 紀貫之　② 藤原敏行

③ 小野小町　**4** ウ　**5** 寝殿造　**6** 藤原頼通　**7** 中尊寺金色堂

解説

1　当時混乱していた唐の様子を知り，遣唐使の停止を朝廷に進言した**菅原道真**は，9世紀の優れた学者・文人です。天皇に重用された役人でもありましたが，藤原氏の陰謀によって大宰府に左遷され，失意のうちに没しました。のちに天災や社会不安，道真を陥れた藤原氏の変死などが続き，道真の怨霊を恐れた人々は京都に北野天満宮を創建して，道真を天神としてまつりました。

2　勅撰和歌集は，『**古今和歌集**』から15世紀の『新続古今和歌集』まで二十一集があります（二十一代集）。『古今和歌集』は紀貫之，紀友則らによって撰集されました。

3　①**紀貫之**は三十六歌仙のひとりで，土佐守としての赴任から帰途までをつづった『土佐日記』などを著しました。この作品は日本最初の仮名日記文学とされています。

　②**藤原敏行**は三十六歌仙のひとりで，『古今和歌集』や『敏行集』に多くの歌が収められています。また，書家としても名を残しています。

　③**小野小町**は六歌仙のひとりで，恋歌の多い美貌の歌人として知られています。

4　日本では，もともと漢字を日本語の音に当てて表記する万葉仮名が使われていました。平安時代に漢字を崩した平がな，漢字の一部を用いた片かなが作られると，かな文字を使った文学が発展しました。彰子に仕えた**紫式部**は，長編物語『**源氏物語**』や『紫式部日記』を著しました。同じく藤原道長の娘である定子に仕えたのが清少納言で，随筆『枕草子』を残しました。ほかに，和泉式部の『和泉式部日記』，菅原孝標女の『更級日記』など，女流文学がさかんになり，後世に残る多くの作品が生み出されました。

平がな			片かな		
安	→	宇 → あ	阿	→	ア
以	→	ゐ → い	伊	→	イ
宇	→	宇 → う	宇	→	ウ
衣	→	ゑ → え	江	→	エ
於	→	ゐ → お	於	→	オ

かな文字の発達

5　**寝殿造**は貴族の邸宅に用いられた建築様式です。寝殿とよばれる主屋を敷地の北側中央に設け，対屋とよばれる建物が渡殿や廊でつながれたコの字形の配置になっています。敷地の南側には，池などを配した庭園がありました。

6　11世紀半ば，釈迦の死後2000年以降は仏教が衰えて世が乱れると考える末法思想を説いたのが空也や源信らでした。政治の乱れや災害の頻発などで人々の不安が高まったこの時代，阿弥陀仏にすがって念仏を唱えることで極楽浄土への往生を願う浄土信仰が広がりました。平等院鳳凰堂は**藤原頼通**が浄土信仰を背景に創建した阿弥陀堂で，極楽浄土を再現しています。本尊の阿弥陀如来像は，仏師定朝の手による国宝です。

7　阿弥陀仏をまつる**中尊寺金色堂**はその名の通り金箔が用いられており，光堂ともよばれます。平泉の文化遺産は2011年に世界文化遺産に登録されました。

II

中 世

平安・鎌倉仏教

	系統	宗派	開祖	中心寺院	教義	特徴
平安仏教		天台宗	最澄	延暦寺	法華経	修行や厳しい戒律を守ることを必要とし，加持祈祷により現世の利益を得る密教。おもに貴族が信仰。
		真言宗	空海	金剛峯寺	大日経 金剛頂教	
鎌倉(新)仏教	念仏	浄土宗	法然	知恩院	専修念仏	南無阿弥陀仏と念仏を唱えれば極楽浄土に往生できる。
		浄土真宗 (一向宗)	親鸞	本願寺	一向専修 悪人正機	阿弥陀仏を信じるものはみな救われる。悪人こそが救われる。
		時宗	一遍	清浄光寺	踊念仏 賦算	念仏を唱えれば極楽浄土に往生できる。
	題目	日蓮宗	日蓮	久遠寺	題目唱和	南無妙法蓮華経と題目を唱えれば救われる。鎌倉幕府から迫害される。
	禅	臨済宗	栄西	建仁寺	坐禅 公案	禅問答を通じて悟りを得る。おもに武士が信仰し，鎌倉幕府の保護を受ける。
		曹洞宗	道元	永平寺	只管打坐	ひたすらに坐禅を行うことで悟りの境地をめざす。

応仁の乱における対立関係

		西軍	東軍
	幕府	山名持豊	細川勝元
将軍職争い	将軍家 (1467〜)	足利義尚（義政の子）	足利義視（義政の養子）
	将軍家 (1468.11〜)	足利義視	足利義政 足利義尚
家督争い	畠山家	畠山持国 畠山義就（持国の子）	畠山持富 畠山政長（持国の養子）
	斯波家	斯波義廉	斯波義敏
	有力大名	大内氏，一色氏，土岐氏，六角氏	赤松氏，京極氏，武田氏

※管領：室町幕府における将軍の補佐役。細川氏，畠山氏，斯波氏が交代で任命された（三管領）。

1 武士の台頭

1 右の図は，保元の乱における対立構造を示ししたものです。図中①，②にあてはまる人物を次からそれぞれ選びましょう。

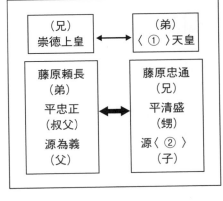

経基　義朝　白河　後白河

□①

□②

2 次の文の①～③にあてはまる語句をそれぞれ書きましょう。

　　保元の乱ののち，貴族間の対立と平氏・源氏の対立によって（　①　）の乱が起きた。この乱に勝利した平清盛は武士として初めて（　②　）となった。いっぽう，敗れた源氏側の源頼朝は（　③　）に流されたが，のちに鎌倉で挙兵する。

□①

□②

□③

□**3** 平清盛は大輪田泊とよばれる港を整備しました。その場所を右の図中ア～ウから選び，記号で答えましょう。

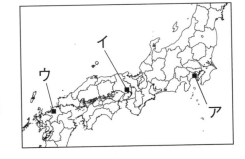

□**4** 平清盛が貿易を行った相手国である中国の王朝を何といいますか。

□**5** 世界文化遺産に登録されており，平氏一門が信仰した現在の広島県にある神社を何といいますか。

解説

1 ①保元の乱は，武士が朝廷内の争いで大きな役割を果たした最初の事件とされています。崇徳上皇は院政を行っていた父・鳥羽上皇の死後，弟の**後白河**天皇と対立しました。争いに敗れた崇徳上皇は讃岐に流され，後白河天皇が上皇として院政を始めました。

②藤原氏は摂関家継承をめぐって対立し，兄・忠通と弟・頼長がそれぞれ平氏・源氏の一族と手を組み，上皇方・天皇方に分かれて戦いました。源**義朝**は天皇方につき，父・為義を滅ぼしました。

2 ①後白河上皇の院政開始後，上皇の側近だった藤原通憲（信西）が政治の実権を握るようになりました。これに不満を持った藤原信頼は源義朝と結び，**平治**の乱が起きますが，平清盛によって討たれました。

②平治の乱後，源氏を破った清盛は後白河上皇の信任を得て**太政大臣**となり，平氏一門は全盛期を迎えます。清盛の娘・徳子（建礼門院）は天皇に嫁ぎ，清盛は外戚として力をふるいました。平氏政権が六波羅政権ともよばれるのは，平氏の邸宅が京都の六波羅に置かれていたためです。『平家物語』では，平氏の栄華をこのように描いています。

> 六波羅殿の御一家の君達といひてんしかば，花族も英雄も，面をむかへ，肩を並ぶる人なし。されば，入道相国の小舅，平大納言時忠卿の宣ひけるは，「この一門にあらざらむ人は，みな人非人なるべし」とぞ宣ひける。
>
> 現代語訳：平清盛の一家の若様といえば，身分の高い公家や英雄であっても，面と向かって肩を並べる者はいない。清盛の妻の弟・平時忠は，「平家一門でないものは人とはいえない」とおっしゃった。

『平家物語』禿髪 より

③平治の乱で敗れた義朝の子・源頼朝は，処刑を免れて**伊豆**に流されました。

3 **大輪田泊**は現在の神戸港近辺です。平清盛は，肥後（現・熊本県），安芸（現・広島県），播磨（現・兵庫県）の国司を歴任し，西国で勢力を広げました。

4 平清盛は，瀬戸内海の交通路をおさえて海上交通の安全を確保しました。また，**宋**との貿易で平氏政権を経済面から支えました。日宋貿易により，銅銭や書物，陶磁器などが日本にもたらされました。

厳島神社

5 **厳島神社**の社殿が建てられたのは推古天皇即位の年とされていますが，厳島神社を安芸の国司時代から信仰していた清盛によって，寝殿造の社殿に修復されました。清盛は，平氏一族の繁栄を願って『平家納経』を奉納しました。

源平合戦

□**1**　以仁王が発した平氏追討の命令に従い，伊豆で挙兵した人物はだれですか。

□**2**　**1**の人物が本拠地とした場所はどこですか。

3　源氏と平氏の戦いについて，右の図中①～④にあてはまる地名を次からそれぞれ選びましょう。

一ノ谷　　屋島
壇ノ浦　　富士川

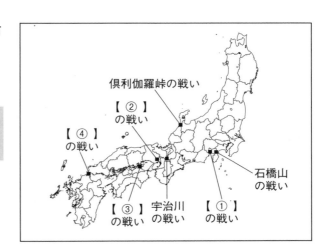

□①

□②

□③

□④

□**4**　**1**のいとこで，信濃で挙兵し，倶利伽羅峠で平氏勢力を破った人物はだれですか。

□**5**　図中③の戦いで，平氏が掲げた船上の扇の的を一矢で射貫いたといわれる人物はだれですか。

□**6**　孤立した源義経をかくまった藤原秀衡が本拠地としていた地域はどこですか。

解説

1 後白河法皇の信任を得て朝廷で力を握った平清盛ですが，平氏一門が力を持ちすぎたことで，両者は次第に対立を深めました。後白河法皇の子・以仁王による平氏追討の命令を受け，伊豆で**源頼朝**が挙兵しました。

2 源頼朝は石橋山の戦いで敗れましたが，東国の武士とともに**鎌倉**入りし，関東の支配体制を整えました。鎌倉は父・義朝が館を設けた源氏ゆかりの地で，三方を山に囲まれ，南は海という守りに適した土地でした。また，頼朝は鶴岡八幡宮を崇敬しました。源氏は代々京都の石清水八幡宮を信仰しており，八幡神を鎌倉の由比ヶ浜にまつったことが始まりです。

年	できごと	勝者
1180	石橋山の戦い	平氏
	富士川の戦い	源氏
1183	倶利伽羅峠の戦い	源氏
	→平氏の都落ち	
1184	宇治川の戦い	
	一ノ谷の戦い	源氏
1185	屋島の戦い	源氏
	壇ノ浦の戦い	源氏
	→平氏滅亡	

源氏と平氏の争い（治承・寿永の乱）

3 ①石橋山の戦いののち，富士川を挟んで平氏と源頼朝の軍が争った戦が**富士川**の戦いです。この戦いに勝利した頼朝は，関東における基盤を確立しました。

②1183年の倶利伽藍峠の戦いで京を追い落とされた平氏は，勢力を立て直して福原（現・兵庫県神戸市）に陣を構えていました。後白河法皇から平氏追討の命を受けた源氏は，源義経らの活躍により，**一ノ谷**の戦いで平氏軍を破りました。

③**屋島**（現・香川県高松市）に敗走した平氏でしたが，義経らは再びこれを急襲し，またも平氏の敗北となりました。

④敗れた平氏は**壇ノ浦**（現・山口県下関市）へ逃れ，ここで多くの平氏が入水・戦死しました。平清盛の孫で当時数え年8歳だった安徳天皇も，二位尼（清盛の妻・時子）とともに入水したとされ，平氏は滅亡しました。

4 **源義仲**は信濃（現・長野県）の木曽谷で育ったとされ，木曽義仲ともよばれます。平氏追討の命令が出されると，信濃から北陸へ進出して加賀（現・石川県）と越中（現・富山県）の間にある砺波山の倶利伽羅峠で平氏軍を破りました。のちに平氏一門を京都から追い落とす活躍をみせましたが，後白河法皇と対立し，源義経らに討たれて戦死しました。

5 『平家物語』には，屋島の戦いで義経配下の**那須与一**が扇の的を射る場面が描かれています。

6 奥州**平泉**は現在の岩手県南西部に位置します。もともと陸奥の豪族だった奥州藤原氏ですが，平泉を本拠地としたのが藤原清衡でした。平泉は源義経が幼少期に養育された地で，後白河法皇から頼朝追討を命じられた義経が，兄・頼朝と対立したのちに逃れた地でもあります。

1　次の文は鎌倉幕府の成立について述べたものです。次の文の①，②にあてはまる語句をそれぞれ書きましょう。また，①，②の仕事内容として正しいものをア〜エからそれぞれ選び，記号で答えましょう。

> 平氏を倒した源頼朝は，本拠地である鎌倉を拠点に武士政権を築いた。頼朝は，全国に（　①　）を，荘園・公領ごとに（　②　）を設置することを認めさせ，自らの家臣をそれらの役職に任命して派遣することで支配領域を広げた。

　　　ア　謀反人・殺害人の逮捕
　　　イ　年貢の取り立て，治安の維持
　　　ウ　戸籍の作成，班田の収授，兵士の召集，裁判
　　　エ　行政全般，税の取り立て，軽い刑罰の執行

□①　[　　　　　]　仕事　[　　]　　□②　[　　　　　]　仕事　[　　]

□**2**　右の図は，鎌倉幕府における主従関係を示したものです。将軍と主従関係を結んだ A の武士のことを何といいますか。

[　　　　　　　　　　]

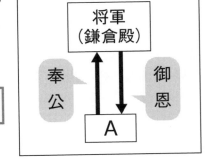

3　次のア〜エは御恩と奉公のいずれかについて説明したものです。どちらについて述べたものか，次からそれぞれ２つずつ選び，記号で答えましょう。

　　　ア　命がけで戦う　　　　イ　所領の支配権を認める
　　　ウ　新たな領地を与える　　エ　朝廷や幕府を警護する

　　　御恩　□[　　]　□[　　]　　奉公　□[　　]　□[　　]

□**4**　武士が武芸を磨くなかで行っていた，馬に乗って的を弓矢で射る技を競う武術を何といいますか。

[　　　　　　　　　　]

解説

1 ①**守護**は国ごとに置かれた役職で，謀反人や殺害人の逮捕といった警察的役割と，天皇の内裏や将軍の御所などを警護する大番役を催促，指揮する役割を担いました。国司は，律令制のもとで地方を治めるために朝廷から派遣された役人ですが，鎌倉時代以降は守護の力が強くなり，国司の力は弱まりました。

　　②10世紀ごろになると，国司の圧力から逃れるために，地方豪族や有力農民は開墾した土地を貴族や寺社に寄進し，一定の年貢を納めてその荘園を管理するようになりました。これを寄進地系荘園とよびます。荘園を管理する職を荘官といい，もとは荘園領主が任命していましたが，鎌倉時代になると，荘官は幕府から**地頭**として送り込まれるようになりました。地頭は現地に密着した役割で，荘園・公領ごとに置かれ，年貢の徴収や治安維持にあたるなど，多岐にわたる権限を持っていました。源頼朝は守護・地頭を任命する権利を認めさせ，頼朝に従った御家人をこれらの役職に任命することで，幕府の勢力を拡大していきました。

2 鎌倉幕府では，土地を仲立ちとした封建的主従関係にもとづいて将軍と**御家人**が結びついていました。貴族や武士を主人として仕える従者が，もともと「家人」とよばれていたことに由来します。御家人という身分は鎌倉幕府の滅亡後も残り，江戸時代にも存在しましたが，鎌倉時代とは異なる意味合いで使われていました。将軍家に直接仕えており，将軍への謁見が許されていない1万石以下の所領を持つ武士のことを指します。

3 頼朝は，御家人が先祖代々守ってきた土地について，地頭に任命することでその土地の権利を保障しました（本領安堵）。また，戦で功績があった場合には，新たな土地を与えてその土地の支配を認めました（新恩給与）。これを**御恩**とよびます。これに対して御家人は，戦の際には命がけで戦い（軍役），平時には鎌倉や京都の警護を行う（番役），**奉公**の義務を負っていました。鎌倉・京都の警護を担っていたのが大番役で，守護がこれを指揮していたことから，守護は御家人を統率する役目を担っていたとも考えられます。

4 鎌倉時代の武士は，戦に備えて武芸を磨くことを常としていました。特に乗馬と弓矢は非常に重視されていました。**流鏑馬**は，馬を走らせながら数間おきに置かれた三つの的を鏑矢で射る射技です。幕府の行事として鶴岡八幡宮などでさかんに行われました。犬追物は馬場で馬に乗りながら犬を射る武技，笠懸は的の代わりに吊り下げた笠を馬上から射る武技です。流鏑馬，犬追物，笠懸の三技を騎射三物とよびます。

流鏑馬のようす

写真提供：iStock

尼将軍と執権政治

1　右の図は，中期の鎌倉幕府のしくみを示したものです。図中①〜③にあてはまる語句を次からそれぞれ選びましょう。

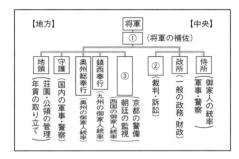

六波羅探題　問注所　執権

□① ⬚　　　□② ⬚　　　□③ ⬚

□**2**　図中①の役職を独占した北条氏が，幕府の実権を握って行った政治を何といいますか。

⬚

□**3**　図中③の役職は，幕府から政治の実権を取り戻そうとした後鳥羽上皇が起こした乱を経て設けられたものです。この乱を何といいますか。

⬚

□**4**　右の資料は，**3**の際に御家人に向けて行われたよびかけです。このよびかけを行ったといわれる，源頼朝の妻はだれですか。

⬚

> 皆心を一にして奉るべし。これ最期の詞なり。故右大将軍朝敵を征罰し，関東を草創してより以降，官位と云ひ俸禄と云ひ，其の恩既に山岳よりも高く，溟渤よりも深し。報謝の志これ浅からんや。
> （『吾妻鏡』より）

5　鎌倉時代に定められた，武家にとって最初の法を何といいますか。また，この法を定めた人物を次から選びましょう。

大江広元　源実朝
北条泰時　後鳥羽上皇

□法 ⬚

□人物 ⬚

1 ① 執権 ② 問注所 ③ 六波羅探題 **2** 執権政治 **3** 承久の乱
4 北条政子 **5** 法：御成敗式目（貞永式目） 人物：北条泰時

解説

1 ①**執権**の始まりは、3代将軍実朝の時代に政所の別当（長官）となった北条時政が執権とよばれたことによります。のちに、執権は侍所の別当も兼任するようになり、鎌倉幕府の職制を束ねる地位となりました。政所は一般政務にともなう文書作成を担う機関で、初代別当には大江広元が就任しました。

②**問注所**は裁判や訴訟を扱う機関です。

③**六波羅探題**は、朝廷を監視し、西国の御家人を統率する目的で京都に設置されました。

2 源氏の将軍は3代で途絶え、以降は北条氏が実権を握りました。**執権政治**とは、執権を世襲した北条氏による政治をさします。

3 頼朝の死後、子の頼家が2代目将軍となりますが、政策などは北条氏を中心とした13人の有力御家人によって決められていました。のちに北条氏が推す千幡が源実朝として3代将軍に即位しますが、実朝は頼家の子の公暁によって暗殺されました。この事件に乗じた後鳥羽上皇は北条義時追討の命を発し、幕府打倒をめざして**承久の乱**が起こりますが、東国の御家人に攻め入られ、上皇は隠岐に流されました。

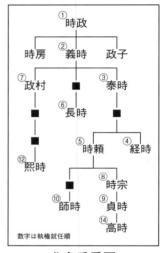

北条氏系図

4 **北条政子**は頼朝の死後に政治の主導権を握り、尼将軍と称されました。承久の乱の際、政子が行ったよびかけによって、多くの御家人が幕府方につきました。

5 承久の乱ののち、幕府は上皇方の武士や貴族の領地を没収し、その土地の地頭に御家人を任命して御恩としました（新補地頭）。のちに地頭と荘園領主間の争いが全国的に頻発するようになったため、**北条泰時**は裁判の基準となる法律を定めました。**御成敗式目**は武士の慣習を成文化したもので、武士にとって初めての法律となりました。

一 御下文を帯ぶると雖も知行せしめず年序経たる所領の事

右、当知行の後、廿箇年を過ぐれば、右大将家の例に任せて理非を論ぜずに改替に能はず。而るに知行の由を申して御下文を掠め給はるの輩、彼の状を帯ぶると雖も敘用に及ばず。

現代語訳：御下文を持っていても実際にその土地を支配せず年数を経た領地のこと

御家人が20年間支配した土地は、頼朝公が取り決めたように、元の領主に返す必要はない。しかし（実際には支配していないのに）支配していたと偽った者は、御下文を持っていてもその取り決めは適用されない。

『御成敗式目』 第八条 より

⑤ ‖ **鎌倉文化**

□1 鎌倉時代に生まれた新仏教について，宗派と開祖の組み合わせとして正しいものを次から選び，記号で答えましょう。

ア　法然 ― 日蓮宗　　イ　親鸞 ― 浄土真宗
ウ　一遍 ― 浄土宗　　エ　日蓮 ― 時宗

□2 武士の信仰を集め，鎌倉幕府の保護を受けた臨済宗の説明として正しいものを次から選び，記号で答えましょう。

ア　罪深い人ほど阿弥陀仏が救ってくれると説いた。
イ　踊りながら念仏を唱えることで民衆の信仰を得た。
ウ　南無妙法蓮華経と唱えれば救われると説いた。
エ　坐禅によって自ら悟りをひらくという修行をすすめた。

□3 鎌倉時代末期ごろに成立したとされる随筆『徒然草』を著した人物はだれですか。

□4 藤原定家らに『新古今和歌集』の編纂を命じた上皇を次から選びましょう。

白河上皇　　後白河上皇　　後鳥羽上皇

5 右の写真は，鎌倉時代につくられた金剛力士像「阿形」です。これを制作したとされる 2 人の人物はだれですか。

写真提供：東大寺

□6 琵琶法師によって語られた，平氏の栄枯盛衰を描いた物語を何といいますか。

35

解説

1　鎌倉時代には，民衆を救済するための新たな仏教が生まれました。法然が浄土教の流れをくむ浄土宗を開き，その弟子**親鸞**は**浄土真宗**を開きました。一遍は時宗を開き，踊りながら念仏を唱える踊り念仏を広めました。これらは，「南無阿弥陀仏」という念仏を唱えることで，極楽浄土への往生（生まれ変わること）をめざす教えです。いっぽう，日蓮の開いた日蓮宗は，念仏ではなく題目「南無妙法蓮華経」を唱えれば成仏できると説きました。日蓮宗は他の宗派を批判し，幕府の迫害を受けました。

2　**臨済宗**は栄西が伝えた禅宗の一派です。禅宗は坐禅によって自らの力による悟りをめざすことを教えとし，武士の気風に合致していたため幕府の保護を受けました。鎌倉の建長寺は北条時頼が創建した臨済宗の寺院です。アは浄土真宗，イは時宗，ウは日蓮宗についての説明です。

親鸞聖人像

出典：ColBase（https://colbase.nich.go.jp/）

3　**卜部兼好**は，無常感という仏教の教えをもとに『徒然草』を著しました。吉田兼好ともよばれますが，この名前は江戸時代に使われるようになったものです。この時代の随筆としては，ほかに鴨長明の『方丈記』などが有名です。

4　和歌に造詣が深かった**後鳥羽上皇**の命によって編纂された『新古今和歌集』は，八代集最後の勅撰和歌集として知られています。藤原定家のほか，鴨長明や，出家ののち諸国を歩いて歌を詠んだ西行の和歌などが収められています。

5　**運慶**は仏師康慶の子，**快慶**は康慶の弟子です。康慶から始まる一派を慶派とよび，江戸時代まで名仏師を多く輩出しました。写真の金剛力士像は東大寺南大門に納められている阿形で，反対側には吽形が納められています。運慶，快慶と，慶派の定覚，湛慶らによって造立されました。力強く，写実的な作風が特徴です。

おもな文学作品
和歌集　　『新古今和歌集』『山家集』
随筆　　『徒然草』『方丈記』
歴史書　　『水鏡』『愚管抄』『吾妻鏡』
軍記物語　　『平家物語』『保元物語』『平治物語』

おもな彫刻作品
東大寺南大門金剛力士像
東大寺重源上人像
六波羅蜜寺空也上人像

鎌倉時代の文化

6　武士が成長した平安時代末期から鎌倉時代には，合戦を題材にした軍記物語が数多く生まれました。『**平家物語**』は平家の繁栄から滅亡までを描いた作品で，琵琶法師が琵琶を弾きながら語ったことで広く一般に受け入れられました。

☐ **1**　13世紀に中国を支配したモンゴル帝国を何といいますか。

☐ **2**　13世紀の日本と中国の関係について述べた次の文には，1箇所誤りがあります。誤りを下線部から1つ選び，正しい答えに直しましょう。

中国を支配したモンゴルの<u>フビライ</u>は，日本を服属させるため，たびたび日本へ国書を送った。しかし，執権の<u>北条時頼</u>はこれを黙殺したため，1274年にフビライは日本を侵攻した。これを<u>文永の役</u>という。幕府は苦戦しながらも攻撃を退けたが，1281年に再び襲来を受けた。2度のモンゴル軍の襲来を乗り越えた幕府だったが，命がけで戦った御家人の<u>奉公</u>に対して十分な恩賞を与えられず，幕府は信頼を失っていった。

誤　　　　　　　　　　　→　正

☐ **3**　鎌倉幕府を倒す計画を立てたものの，企てが露見して隠岐に流された天皇はだれですか。

☐ **4**　もともと鎌倉幕府の御家人で，幕府を倒した人物はだれですか。

☐ **5**　隠岐を脱出した**3**の天皇が鎌倉幕府滅亡後に行った政治を何といいますか。

☐ **6**　**4**の人物は**3**の人物と対立し，新しい天皇を擁立したため，二つの朝廷が並び立つ時代となりました。それぞれの朝廷が置かれた場所と，朝廷の呼び名の組み合わせとして正しいものを次から選び，記号で答えましょう。

　ア　北朝 — 京都　南朝 — 吉野　　イ　北朝 — 鎌倉　南朝 — 京都
　ウ　北朝 — 吉野　南朝 — 京都　　エ　北朝 — 京都　南朝 — 鎌倉

解説

1 フビライは，モンゴル帝国を築いたチンギスの孫で，中国に進出して都を大都（現・北京）に移すと，国号を**元**としました。中国の南宋を滅ぼし，朝鮮半島の高麗を征服すると，その先にある日本も征服することで，東アジア全体を支配下に置こうとしました。

2 フビライが日本に服属を求めて国書を送ってきた際の執権は，8代**北条時宗**です。**北条時頼**は時宗の父で，5代執権です。日本から返書がなかったことに対し，フビライは船団を派遣して博多湾に上陸しました（文永の役）。1281年，再び元軍は侵攻を試みますが，文永の役の後に築かれた防塁と暴風雨に阻まれ，大打撃を

蒙古襲来絵詞

出典：ColBase (https://colbase.nich.go.jp/)

受けて撤退しました（弘安の役）。元寇は外国との戦だったため，戦のあとも幕府は御家人に十分な領地を与えることができず，幕府に対する不満が高まりました。

3 **後醍醐天皇**は2度討幕を企てました（正中の変，元弘の変）。2度目の計画が近臣の密告によって幕府に判明したことで後醍醐天皇は隠岐に流されますが，天皇のよびかけに応じた西国の武士たちが幕府軍と戦い，天皇は隠岐を脱出しました。

4 鎌倉幕府は有力御家人の**足利尊氏**を派遣し，隠岐から逃げた天皇方への攻撃を命じました。しかし尊氏は天皇方につき，新田義貞とともに鎌倉幕府を倒しました。楠木正成は，悪党とよばれた新興の武士で，後醍醐天皇による討幕のよびかけに応じたひとりです。

5 幕府による政治から天皇中心の朝廷政治への転換をめざした後醍醐天皇でしたが，公家優先の方針が強い**建武の新政**は武士の間では受け入れられず，足利尊氏の離反などにより，わずか2年あまりで崩壊しました。

6 武士の期待を集めた足利尊氏は，後醍醐天皇を廃して光明天皇を即位させ，新たな武家政権を樹立しました。新しい幕府の指針を示すため，建武式目の制定も行いました。いっぽう，京都から逃れた後醍醐天皇は吉野に自らの朝廷を樹立したため，**京都（北朝）**と**吉野（南朝）**に二つの朝廷が並び立つこととなりました。

年	できごと
1192	源頼朝が征夷大将軍就任
1221	承久の乱
1232	御成敗式目の制定
1274	文永の役
1281	弘安の役
1297	永仁の徳政令
1333	鎌倉幕府滅亡
	後醍醐天皇による建武の新政
1336	南北朝の分立
1338	足利尊氏が征夷大将軍就任
1392	南北朝の合一
1404	勘合貿易の開始
1467	応仁の乱

鎌倉〜室町期のおもなできごと

足利将軍

□ **1**　右の図は、室町幕府の将軍系図です。二つに分かれていた朝廷をひとつにして、南北朝合一を成し遂げた人物はだれですか。

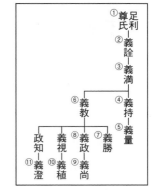

2　次の文は足利義満が将軍の時代に行われた、中国との貿易について述べたものです。次の文の①〜③にあてはまる語句をそれぞれ書きましょう。

（　①　）が海賊行為を行っていた（　②　）の取り締まりを求めたことをきっかけに、足利義満は（　①　）と国交を開き、貿易が始まった。正式な貿易船と（　②　）を区別するために（　③　）という割符を用いたため、この貿易は（　③　）貿易ともいう。

□①　　　　　　　□②　　　　　　　□③

□ **3**　足利義教が将軍の時代、沖縄に成立した王国を何といいますか。

□ **4**　室町幕府において領国を支配し、国内の行政を担った者を何といいますか。

□ **5**　足利義政の後継をめぐる対立と、その家臣の勢力争いが結びついて起きた戦乱を何といいますか。

□ **6**　5の戦乱で東軍を率いた人物を次から選びましょう。

山名持豊　　細川勝元　　畠山義就　　斯波義廉

39

1 足利義満 **2** ① 明 ② 倭寇 ③ 勘合 **3** 琉球王国
4 守護大名 **5** 応仁の乱 **6** 細川勝元

解説

1 室町幕府の由来は，3代将軍**足利義満**が京都の室町に花の御所とよばれる邸宅を建てたことによります。北朝を擁した室町幕府は，成立当初から勢力争いが続き，南北朝の対立は約60年間にわたりました。義満の時代には南朝の勢力が弱まっていたため，南朝が北朝にくだる形で南北朝が合一しました。

2 ①室町時代初頭の日本と中国の**明**に正式な国交はありませんでしたが，私貿易は行われていました。

②将軍足利義満は，**倭寇**とよばれる海賊の取り締まりを九州探題に命じ，明と正式な国交を開きました。

③日明貿易では，公私の船を区別するため，**勘合**とよばれる合い札を用いました。また，明の要求に従って朝貢貿易の形をとっていました。日本からは銅，硫黄，刀剣などが輸出され，明からは銅銭や生糸，絹織物などが輸入されました。

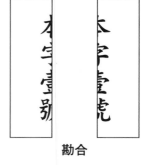

勘合

3 沖縄では北山・中山・南山の三山とよばれる勢力が争っていましたが，1429年に中山の尚巴志が北山王，南山王を滅ぼして**琉球王国**が成立しました。琉球王国は中国と朝貢貿易を行い，日本や東アジア諸国とも貿易を行ったほか，東南アジアから輸入した品物を中国や日本，朝鮮へ売る中継貿易で栄えました。また，現在世界文化遺産に登録されている首里城などを整備しました。

4 鎌倉時代より大きな権限が与えられるようになった室町時代の守護は，自国の武士と主従関係を結んで領地を広げるようになりました。室町幕府における守護は**守護大名**ともよばれます。守護大名は幕府のもとで政治を行い，任国には代理として守護代を置いて国を統治しました。将軍の補佐役である管領は，将軍と守護大名の間を調整する役割を担っていました。

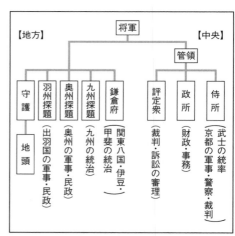

室町幕府のしくみ

5 くじ引きで選ばれた6代将軍足利義教は，専制的な政治を行い，赤松満祐に殺害されました（嘉吉の乱）。その2代あとの8代将軍義政の後継をめぐる問題と守護大名の勢力争いが結びつき，全国を二分するかたちで**応仁の乱**が起こりました。

6 東軍は**細川勝元**，西軍は山名持豊が主導しました。畠山義就，斯波義廉はともに西軍側についた管領家です。

8 室町文化

1 右の表は，室町時代の文化について
まとめたものです。表中①，②にあて
はまる語句をそれぞれ書きましょう。

	3代足利義満の時代 ＝北山文化	8代足利義政の時代 ＝東山文化
建築	北山に（　①　） を建てる	東山に（　②　） を建てる
文化	A能の大成 狂言の発達	B水墨画の大成 生け花・茶の湯
仏教	臨済宗を保護 五山・十刹の制 （京都五山・鎌倉五山）	林下（禅宗諸派）の 布教が広まる 浄土真宗や日蓮宗 が民衆に広まる

□①

□②

□**2** 表中の下線部Aについて，足利義満の保護を受け，
猿楽能を大成させた親子はだれですか。

3 次の文は表中②の境内にある東求堂の一室の様式について述べたものです。次
の文の①～③にあてはまる語句をそれぞれ書きましょう。

> この様式は（　①　）とよばれ，（　②　）を部屋全面に敷き，部屋を（　③　）や
> 明障子で仕切ることが特徴である。この様式は現在の和風建築に受け継がれている。

□① 　　　　　　　□② 　　　　　　　□③

□**4** 表中の下線部Bについて，中国で水墨画を学び，
日本風の様式を大成させた僧侶はだれですか。

□**5** 室町時代，石と砂利で水のある自然を表現する様
式が生まれました。この様式を何といいますか。

□**6** 室町時代に北陸地方で布教活動を行い，のちに石
山本願寺の基礎を築いた本願寺の僧はだれですか。

41

解答

1	① （鹿苑寺）金閣	② （慈照寺）銀閣	**2**	観阿弥・世阿弥		
3	① 書院造	② 畳	③ 襖	**4** 雪舟	**5** 枯山水	**6** 蓮如

解説

1 ①室町幕府が京都に置かれたこともあり，足利義満の時代には公家の文化と武士の文化が融合した新たな文化が生まれました。義満が造営した**金閣**が京都の北山にあることから，この時代の文化は北山文化とよばれます。

②足利義政の時代には，禅宗の影響を強く受けた新しい文化が生まれました。義政が東山に**銀閣**を建てたことから，北山文化に対して東山文化とよばれます。

2 猿楽能は，もともと寺社で行われていた猿楽から発展したものです。猿楽の歌や舞，演劇などの要素を軸として猿楽能に大成させたのが，**観阿弥・世阿弥**父子でした。

3 ①**書院造**は，簡素で幽玄の趣を持つ新しい建築様式で，現在の和風建築の原型となりました。

②書院造の建築では，**畳**が全面に敷かれ，付書院や床（床の間），棚（違い棚）などが設けられています。

③水墨画が描かれた**襖**が部屋の仕切りとして用いられました。また，床を飾る花道も広まりました。

秋冬山水図（冬景）

出典：ColBase（https://colbase.nich.go.jp/）

4 水墨画は墨一色の濃淡によって描かれる絵画で，禅宗とともに日本で広まりました。もともと京都の相国寺の僧だった**雪舟**は，中国からの帰国後，水墨画を日本風に発展させ，『秋冬山水図』『天橋立図』などの代表作を残しました。

5 **枯山水**の様式の庭園は，禅宗の寺や書院造の建物に設けられました。水を用いることなく，石や砂で自然を象徴的に表現するのが特徴です。代表的な庭園として，京都の龍安寺石庭や大徳寺大仙院庭園などがあります。

6 鎌倉時代に親鸞が開いた浄土真宗は，複数の宗派に分かれていました。そのなかで，**蓮如**によって勢力を拡大したのが本願寺派です。蓮如はわかりやすい言葉で教えを記した御文とよばれる手紙を用いて，農村を中心に

龍安寺石庭

念仏を広めました。室町時代の農村には自治組織（惣）があり，本願寺派はその共同体の中で信者の集まり（講）を開いて門徒を増やしていきました。浄土真宗は一向宗ともよばれ，一向宗の僧や武士は支配者層の大名らと対立し，各地で一向一揆を起こしました。

下剋上の世界

1 右の図は，16世紀半ばの戦国大名の領地を示したものです。図中①～③を支配した戦国大名を次からそれぞれ選び，記号で答えましょう。

　ア　上杉謙信　　イ　毛利元就
　ウ　今川義元　　エ　武田信玄

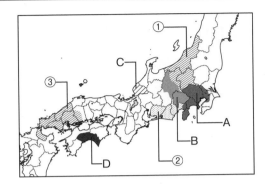

□①　□　　□②　□　　□③　□

□**2** 右の資料は，各地の戦国大名が領国の統治のために作成した法律の一例です。このような法律を何といいますか。

> 喧嘩の事，是非に及ばず，成敗を加ふべし。但し取り懸ると雖も，堪忍せしむるの輩に於ては，罪科に処すべからず。
> （『甲州法度之次第』第十七条 より）

□**3** 2の資料が出された領国を図中A～Dから選び，記号で答えましょう。□

4 右の年表①～③にあてはまる語句をそれぞれ書きましょう。

□①　□

□②　□

□③　□

年	できごと
1543	中国船が（ ① ）に漂着 …ポルトガル人から鉄砲を購入
1549	フランシスコ＝ザビエルが鹿児島に来航 …（ ② ）が伝来
1582	（ ③ ）が長崎を出発
1585	（ ③ ）がローマ教皇に謁見
1590	（ ③ ）が長崎に帰着

□**5** この時期の日本で行われた，スペインやポルトガルとの貿易のことを何といいますか。□

解説

1　①**上杉謙信**はもともと長尾景虎といい，関東管
領（室町幕府において鎌倉を治める鎌倉公方の補佐
役）上杉氏の家臣である長尾氏の出身です。上杉氏
の守護代として，越後（現・新潟県）を治めていた
のが景虎の家です。主家である上杉氏を継いで関東
管領に就任しました。春日山城を本拠とし，武田信
玄と何度も戦ったことでも有名です。

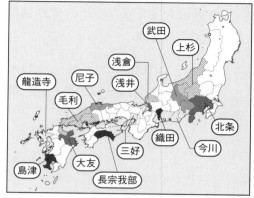

おもな戦国大名（1560年ごろ）

　②**今川義元**の家は清和源氏から派生した足利氏
につながる家系です。今川氏は遠江（現・静岡県西
部），駿河（現・静岡県中部），三河（現・愛知県東部）
を支配していました。

　③安芸（現・広島県）を本拠地としたのは毛利氏です。中国地方の守護であった大内氏が家臣の
陶晴賢に敗れたのち，**毛利元就**がこれを討って大内氏を滅ぼし，この地の支配に至りました。

2　守護大名や戦国大名が支配下に置いた国・地域を分国といい，戦国大名が家臣の統制や領国内の
支配のために制定した法を**分国法**とよびます。

3　躑躅ヶ崎館に居を構えた**甲斐**の武田信玄が定めた分国法は，信玄家法ともよばれます。資料の喧
嘩両成敗に関する項目には「喧嘩においては理由を問わず処罰する」と書かれています。

4　①日本に鉄砲を伝えたのは，九州の**種子島**に漂着した中国の貿易船に乗っていたポルトガル人
です。島主の種子島時堯は鉄砲を購入し，その製法や使用法を家臣らに学ばせました。

　②16世紀半ばにドイツのルターが始めた宗教改革をきっかけに，**キリスト教**の腐敗を批判する
新しい信仰（プロテスタント）が登場しました。ヨーロッパでのプロ
テスタント勢力の拡大に対し，カトリック勢力はアジアや新大陸での
布教に力を入れました。

　③おもに西日本ではキリスト教の信仰が広まり，自らキリスト教の
洗礼を受けるキリシタン大名も存在しました。大友義鎮（宗麟），有
馬晴信，大村純忠らは伊東マンショ，千々石ミゲル，中浦ジュリアン，
原マルチノの4名を**天正遣欧使節**としてヨーロッパに派遣しました。

天正遣欧使節記
出典：ColBase
(https://colbase.nich.go.jp/)

5　スペインやポルトガルとの**南蛮貿易**では，銀や刀剣などが輸出され，
ゴアやマカオを経由した南蛮船からは鉄砲や火薬，中国産の生糸など
が輸入されました。南蛮は「南方の異民族」という意味の蔑称です。

⑩ 天下布武

1 織田信長に関する右の年表について，表中①〜④にあてはまる語句を次からそれぞれ選びましょう。

年	できごと
1560	桶狭間の戦い …（　①　）を破る
1570	姉川の戦い …（　②　）を破る
1571	（　③　）の焼打ち
1573	足利義昭を京都から追放 …室町幕府の滅亡
1575	長篠合戦 …（　④　）を破る

　武田勝頼　　浅井・朝倉氏　　今川義元　　延暦寺

□①　[　　　　　]　　□②　[　　　　　]

□③　[　　　　　]　　□④　[　　　　　]

□**2**　織田信長が拠点とした右の図中Ａに建てた城を何といいますか。

[　　　　　　　　　　]

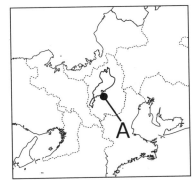

□**3**　織田信長は**2**の城下に楽市令を出しました。信長がこれを出した理由として正しいものを次から選び，記号で答えましょう。

　ア　座の特権を廃止して商工業の営業を認め，城下を繁栄させようとした。
　イ　座を廃止してキリスト教の布教を支援し，仏教勢力と対抗しようとした。
　ウ　座の特権を廃止して商工業を取り締まり，利益を独占しようとした。
　エ　座の特権を免除して商工業を取り締まり，座の利益を上げようとした。

[　　　]

□**4**　織田信長は，1582年に家臣に裏切られて自害しました。このできごとを何といいますか。

[　　　　　　　　　　]

□**5**　**4**を起こした人物はだれですか。

[　　　　　　　　　　]

解説

1 ①織田信長は，尾張の守護斯波氏の家臣として守護代を務めた織田一族の出身です。父・信秀のあと家督を継いだ信長は，尾張を統一しました。桶狭間の戦いでは上洛の途中だった**今川義元**を急襲し，美濃の斎藤氏をくだして岐阜城（稲葉山城から改名）に移ると，信長の勢いは増しました。

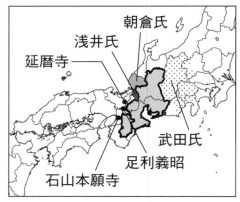

信長包囲網

②13代将軍足利義輝が討たれたのち，弟の足利義昭は京を脱出して越前に逃れました。信長は義昭を奉じ，15代将軍の座に就けました。勢力拡大を警戒した足利義昭は近江の**浅井氏**，越前の**朝倉氏**，甲斐の武田氏などとともに信長を倒そうとして，返り討ちにあい，京を追われました（室町幕府の滅亡）。

③信長は，比叡山**延暦寺**の焼打ちなど，仏教勢力を討ち破ったことでも有名です。延暦寺は，信長に敗れた浅井氏と朝倉氏の側につき，信長と対立しました。また，一向一揆勢力である大坂の石山本願寺も信長に反発しました。本願寺11世の顕如は全国の門徒に抵抗をよびかけ，長期にわたり戦いましたが，最終的に和議となりました。

④長篠合戦では，武田信玄の子である**武田勝頼**が率いた武田軍の騎馬戦法に対して，織田軍は徳川家康とともに足軽鉄砲隊で応戦し，勝利しました。のちの天目山の戦いで武田勝頼は自刃し，武田家は滅亡しました。

2 全国統一の拠点となった**安土城**は，琵琶湖畔（現・滋賀県近江八幡市）に造られた城で，五層七重の構造でした。内部は狩野永徳による障壁画で飾られ，外観・内観ともに大変豪華な城だったことが宣教師ルイス・フロイスによって伝えられています。信長は城の天主（天守）に居住していたといわれています。

3 信長が下した**楽市令**では，座の特権を認めないことが明示されています。座とは，商工業者の同業者組合で，座に入っている者のみが商工業を許されていました。座は公家や寺社に貢納する代わりに営業を独占していましたが，信長はこれを廃止し，誰もが自由に商工業を行えるようにしたのです。関所も廃止したため，安土城下には人が集まり，経済が発展しました。

4 中国地方の毛利氏を討つため，わずかな家臣を率いて出発した信長は，途中京都の本能寺に宿泊しました。そこで家臣の明智光秀が謀反を起こし，信長は自刃に追い込まれました（**本能寺の変**）。

5 **明智光秀**はもともと越前の浅倉義景に仕えていました。延暦寺の焼き討ちなどで活躍したのち，信長の家臣として近江国の坂本城の主となりました。

□1 次の文には1箇所誤りがあります。誤りを下線部から1つ選び、正しい答えに直しましょう。

> 本能寺の変ののち、<u>明智光秀</u>を倒したのは羽柴秀吉である。秀吉は、中国地方を治める<u>毛利氏</u>と戦っていたが、信長死去の知らせを受けるとすぐに和睦して京都へ向かった。この功績によって信長家臣団の中で力を強めた秀吉は、信長の重臣だった<u>柴田勝家</u>を<u>山崎の戦い</u>で破り、その後、信長の後継者として天下統一を成し遂げた。

誤 [　　　　　] → 正 [　　　　　]

□2 豊臣秀吉が朝廷に任じられた役職を次から選び、記号で答えましょう。

　　ア　征夷大将軍　　イ　摂政　　ウ　管領　　エ　関白　　[　　]

3 豊臣秀吉が行った次の政策のうち、農民と武士の身分をはっきりと区別することにつながったものを次から2つ選び、記号で答えましょう。

　　ア　キリスト教宣教師の追放　　イ　検地　　ウ　貨幣鋳造　　エ　刀狩

□[　　]　□[　　]

□4 豊臣秀吉が2度にわたり侵略した国はどこですか。　[　　　　　]

5 右の表は、この時代に栄えた文化についてまとめたものです。表中①～③にあてはまる人物をそれぞれ書きましょう。

桃山文化
城郭建築 　姫路城、犬山城、伏見城
障壁画 　（　①　）『唐獅子図屛風』『洛中洛外図屛風』 　狩野山楽『牡丹図』 　長谷川等伯『松林図屛風』
茶の湯 　（　②　）による「侘茶」の確立
芸能 　（　③　）がかぶき踊りを創始
南蛮文化 　活字印刷術、活字印刷機の輸入 　イエズス会によるキリシタン版の刊行

□① [　　　　　]

□② [　　　　　]

□③ [　　　　　]

解説

1　豊臣秀吉が柴田勝家を破ったのは，**賤ヶ岳の戦い**です。この勝利により，織田信長の後継者としての秀吉の立場が確実なものとなりました。**山崎の戦い**は，秀吉が明智光秀を破った戦いです。本能寺の変からわずか10日で秀吉は京都の山崎に布陣したとされています（中国大返し）。この戦いは秀吉の勝利に終わり，光秀は逃れる途中で命を落としました。

2　豊臣秀吉は，小牧・長久手の戦いで織田信雄（信長の次男）・徳川家康の連合軍と戦ったのち，四国を平定し，九州の島津義久を降伏させました。また，朝廷から**関白**，太政大臣に任ぜられ，「豊臣」の姓を与えられることとなりました。関白就任後，秀吉は惣無事令を出し，私闘の禁止と領土の確定を秀吉に任せることを命じました。

年	できごと
1582	山崎の戦い
1583	賤ヶ岳の戦い
1584	小牧・長久手の戦い
1585	関白就任
1586	太政大臣就任
1587	バテレン追放令発令
1588	刀狩令発令
1592	文禄の役
1597	慶長の役
1598	死去

豊臣秀吉の年表

3　秀吉は領地ごとに異なっていた単位を統一しました。全国の土地をほぼ同じ基準で測量し，土地の耕作者を一人に定めて，石高・面積などとともに検地帳に登録しました。秀吉が行った**検地**によって，荘園制による複雑な土地関係は整理され，土地の耕作者は石高に応じた年貢を納めることになりました。また，農民一揆を防ぐために農民から刀や槍，鉄砲などの武器を没収したのが**刀狩**です。これにより，武器を持たない農民の身分と武器を持つ武士の身分がはっきり区別されるようになりました。

4　全国統一を果たした秀吉は，明の征服を構想しました。足がかりとして，**朝鮮**に対して日本服属と明への道案内を要求しましたが，朝鮮がこれを拒否したため，秀吉は朝鮮を侵略しました（文禄・慶長の役）。1度目は李舜臣率いる朝鮮水軍に苦戦した末に講和となり，2度目は秀吉の病死により撤退となりました。

5　①京都に生まれた**狩野永徳**は，織田信長や豊臣秀吉に仕え，安土城や大阪城などの障壁画を制作しました。狩野派の基礎を築いた永徳の画風は，豪快で華麗な表現が特徴です。

　②侘茶を茶の湯として大成させた**千利休**は，堺の裕福な商人の家に生まれました。信長・秀吉のもとで活躍しましたが，秀吉の怒りを買って切腹を命じられました。

　③京都でかぶき踊りを始めた**出雲阿国**は，もともと出雲大社の巫女でした。かぶき踊りは女歌舞伎，若衆歌舞伎，野郎歌舞伎などを経て，現在の歌舞伎に発展しました。

阿国歌舞伎図（部分）

出典：ColBase（https://colbase.nich.go.jp/）

III

近世

歴史のヒント③ 江戸時代

１５代の徳川将軍の政策とできごと

代	在位期間 徳川将軍	おもな政策・できごと	代	在位期間 徳川将軍	おもな政策・できごと
1	1603～1605 家康	江戸幕府を開く 糸割符制度	9	1745～1760 家重	[老中] 田沼意次 株仲間の奨励
2	1605～1623 秀忠	大坂の陣 武家諸法度（元和令） 欧州船の寄港地制限	10	1760～1786 家治	南鐐二朱銀の鋳造 蝦夷地探検，印旛沼の干拓 明和の大火 浅間山の大噴火 天明の大飢饉
3	1623～1651 家光	参勤交代の制度化 「鎖国」体制の完成 島原の乱（島原・天草一揆） 紫衣事件	11	1787～1837 家斉	[老中] 松平定信　寛政の改革 囲米 棄捐令 寛政異学の禁 人足寄場の設置 異国船打払令 天保の大飢饉 大塩平八郎の乱
4	1651～1680 家綱	末期養子の禁の緩和 殉死の禁止 分地制限令 由井正雪の乱 明暦の大火			
5	1680～1709 綱吉	[側用人] 柳沢吉保 生類憐みの令 服忌令 湯島聖堂の創建，儒学奨励 赤穂事件 富士山の大噴火	12	1837～1853 家慶	[老中] 水野忠邦　天保の改革 株仲間の解散，倹約令 人返しの法 上知（地）礼 蛮社の獄 天保の薪水給与令 ペリー来港
6	1709～1712 家宣	[儒学者] 新井白石 [側用人] 間部詮房 生類憐みの令の廃止 海舶互市新例 正徳金銀の鋳造	13	1853～1858 家定	日米和親条約調印
7	1713～1716 家継		14	1858～1866 家茂	[大老] 井伊直弼 日米修好通商条約調印 安政の大獄 桜田門外の変 生麦事件，薩英戦争 八月十八日の政変 長州征討 薩長同盟
8	1716～1745 吉宗 享保の改革	[江戸町奉行] 大岡忠相 公事方御定書の編纂 目安箱の設置 上げ米，参勤交代の緩和 相対済し令 足高の制 新田開発奨励 漢訳洋書輸入制限の緩和 享保の大飢饉			
			15	1866～1867 慶喜	大政奉還 王政復古の大号令

1 江戸時代の幕開け

学習の日付　月　日　正答数　/9

□1　1600年に徳川家康が石田三成らを破った戦いを何といいますか。

2　次の文の①〜③にあてはまる語句をそれぞれ書きましょう。

江戸に幕府を開いた徳川家康は，（　①　）で豊臣家を滅ぼした。その後，全国の大名を統制するために（　②　）を制定した。さらに，大名を親藩・譜代・外様の3つに区分し，それぞれの領地をたくみに配置して全国を支配した。3代家光の時代には，（　②　）に新たに（　③　）の制度を取り入れ，大名が1年おきに江戸に住むことを原則とした。

□①　□②　□③

□3　右の表は，江戸時代初期の外交についてまとめたものです。表中の下線部Aの貿易を何といいますか。

家康・秀忠の時代
・東南アジア諸国（A）との貿易奨励 ・オランダに通商許可 ・イギリスに通商許可 ・全国にキリスト教禁教令 ・中国船以外の来航を平戸と長崎に制限
家光の時代
・スペイン船の来航禁止 ・海外渡航，帰国の禁止 ・（　①　）の乱（B） ・ポルトガル船の来航禁止 ・オランダ商館を長崎（C）に移す

□4　表中の下線部Aの貿易における日本からの輸出品として，正しいものを次から選び，記号で答えましょう。

ア　生糸　　イ　絹織物
ウ　砂糖　　エ　銀

□5　表中の下線部Bは，九州で起きたキリスト教徒の一揆です。表中①にあてはまる語句を書きましょう。

□6　表中の下線部Cにつくられた，唯一貿易を許された場所を何といいますか。

□7　3代将軍家光の時代に完成した，貿易港を長崎のみに制限した対外政策を一般的に何といいますか。

解説

1　**関ヶ原の戦い**は，徳川家康率いる東軍と，石田三成を中心とした西軍が関ヶ原（現・岐阜県）で争った戦で，わずか一日で決したといわれています。勝利した家康はのちに征夷大将軍に任命され，江戸幕府を開いたことから，天下分け目の戦いともいわれます。

2　①徳川家康は，**大坂の陣**で豊臣秀頼を攻めて豊臣家を滅ぼしました。

　②大名統制の基本法である**武家諸法度**が制定されました。また，大名を親藩（徳川一門），譜代（関ヶ原の戦い以前から代々徳川家に仕えてきた家臣），外様（関ヶ原の戦い後に徳川に従った大名）に区分し，全国を幕府の直轄地と大名が治める藩とに分けて支配体制を形づくりました。

　③3代将軍家光は，**参勤交代**の制度を定め，よりいっそう大名の統制を図りました。旅費や生活費などは各藩にとって大きな負担となりました。

3　徳川家康は，対外貿易を積極的に行う政策を取りました。1600年にオランダ船が漂着した際，家康は乗組員のオランダ人ヤン・ヨーステンとイギリス人ウィリアム・アダムズを江戸に招いて外交顧問としました。東南アジアに貿易船を出す多くの商人や大名には，海賊ではないことを証明する朱印状という渡海許可証を与えました。これを**朱印船貿易**とよびます。また，朝鮮出兵以来断絶していた朝鮮との国交回復を実現し，対馬藩を介した貿易を行いました。多くの日本人が海外に渡り，東南アジア各地には日本町がつくられました。

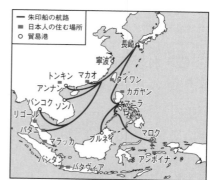

江戸初期の東南アジア

4　朱印貿易での輸出品は主に**銀**で，ほかに銅や刀剣も輸出されました。生糸，絹織物，砂糖は日本の輸入品です。

5　幕府は当初，キリスト教を黙認していましたが，キリスト教の広まりと日本侵略の可能性を警戒し，全国に禁教令を出しました。1637年に起きた**島原**の乱は，天草四郎時貞を首領とした大規模な一揆で，幕府による鎮圧ののち，キリスト教の弾圧はさらに強まることとなりました。また，九州を中心にキリシタン摘発を目的とした絵踏も行われました。

6　幕府はポルトガル船の来航を禁止すると，長崎の**出島**でオランダ・中国とのみ貿易を行うこととしました。オランダが貿易を許可されたのは，オランダがプロテスタント系であり，布教を目的とせず純粋に貿易のみを目的としていたためです。

7　一般的に**鎖国**とよばれる幕府の対外政策は，対馬藩を通じて朝鮮と，薩摩藩を介して琉球王国と国交を結んでいたため，厳密に国を閉ざしたとはいえないものでした。また，アイヌの住む蝦夷地とは松前藩が交易を行っていました。

1　次の文の①，②にあてはまる語句をそれぞれ書きましょう。

5代将軍徳川（　①　）の時代は，主君への忠義や親への孝行といった上下関係を重んじる，<u>儒教に基づいた政治</u>が行われるようになった。さらに（　①　）は（　②　）を出して殺生を禁じた。また，死者に対して喪に服すことを定めた服忌令を出したことで，武力で支配する戦国時代の風潮は完全に消え，死は忌み嫌うものとして人々に認識されるようになった。

□①

□②

□**2**　文中の下線部について，江戸幕府が奨励した儒教の一派を何といいますか。

□**3**　**2**の学問を学んだ学者で，6代将軍家宣に学問を教えて幕政に参加した人物を次から選びましょう。

間部詮房　　新井白石　　柳沢吉保　　堀田正俊

□**4**　**3**の人物が行った正徳金銀に関する政策として，正しいものを次から選び，記号で答えましょう。

ア　財政難を乗り切るため，金の含有量の低い貨幣を鋳造した。
イ　貨幣価値を上げるため，慶長金銀と同じ金含有率の貨幣を鋳造した。
ウ　海舶互市新例を出して，長崎貿易を奨励した。
エ　南鐐二朱銀を鋳造し，金銀通貨の一本化を図ろうとした。

5　17世紀以降に起きた民衆の抵抗運動について，次の文が説明している語句をそれぞれ書きましょう。

①　農民が団結して年貢の増徴や圧政への反対を領主に訴えること
②　民衆が米商人や富商などを襲い，家財などを壊すこと

□①

□②

解説

1 ①3代将軍家光の時代までに大名統制はほぼ確立され，5代**綱吉**の時代には将軍と大名の主従関係は安定しました。綱吉は武力ではなく，法や学問による文治政治を行いました。綱吉が出した服忌令では喪に服すことなどが細かく定められており，戦で戦死者が出ることが当然だった戦国時代から世の中が大きく変わったことを物語っています。

②綱吉が出した**生類憐みの令**は，あらゆる生き物の殺生を禁じ，捨て子の禁止や病人の保護にも触れています。野犬を収容して飼育するなど江戸の人々の負担は大きく，綱吉の死後に一部を除いて廃止されました。自身が戌年生まれだったこともあり，綱吉は犬公方とよばれました。

2 儒教は中国の孔子が唱えた思想にもとづく教えで，これを学ぶ学問を儒学とよびます。日本では室町時代からおもに禅宗の僧らによって学ばれ，のちに大名らも講義を受けるようになったことで，学問として発展しました。儒学の一派である**朱子学**は中国の朱熹が大成した学派です。上下の秩序を重視する教えが，主従関係の上に成り立つ封建体制にとって都合がよかったため，幕府は朱子学を手厚く保護しました。林家の学者は歴代将軍に仕え，藤原惺窩の門人だった林羅山は家康から家綱までの4代にわたって仕えました。綱吉の時代には林鳳岡（信篤）が大学頭に任じられ，聖堂と学問所が湯島に移されて，学問の中心として整備されました。

3 6代将軍家宣は3代将軍家光の孫で，もとは甲府藩主でした。家宣が将軍職を継いだとき，家宣に仕えていた朱子学者の**新井白石**は幕臣となります。また，間部詮房も甲府藩主に仕えた家系の出身で，側用人をつとめました。二人は7代将軍家継のときも政治を主導し，この約7年間の文治政治は正徳の治とよばれます。柳沢吉保は綱吉の側用人，堀田正俊は綱吉の時代の大老です。

4 質の悪い貨幣を発行したのは，綱吉の時代です。金銀の含有量が低く，貨幣価値が下がって物価が高騰したため，人々の生活は苦しくなりました。この混乱を収めるため，新井白石は品質をもとに戻した**正徳金銀**を発行しました。海舶互市新例は長崎貿易に関する条例です。金銀の産出量減少や銅の国外への流出増加をふまえ，年間に取引できる船の数や貿易額を制限しました。南鐐二朱銀の発行は，田沼意次が行った政策です。

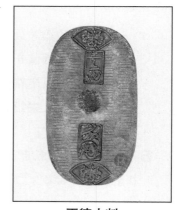

正徳小判

出典：ColBase (https://colbase.nich.go.jp/)
より加工して作成

5 ①一揆とは，人々が共通の目的を達成するために団結することです。なかでも，重い年貢負担に苦しんだ農民が起こす一揆を**百姓一揆**とよびます。災害などで不作に陥った際，特に頻発しました。

②**打ちこわし**は民衆による反抗の中でもより過激な運動で，生活苦にあえいだ人々が商人の家屋などを破壊し，米や金品を強奪しました。飢饉などで米価が高騰すると頻発しました。

③ 元禄文化

1　次の文は5代将軍綱吉の時代に栄えた文化についてまとめたものです。次の文の①～③にあてはまる語句を次からそれぞれ選び, 記号で答えましょう。

> 　幕政が安定したこの時代は, 商工業が発達し, 特に上方の町人が文化の担い手となった。この時期の文化を（　①　）文化という。商家出身の（　②　）は『好色一代男』などの（　③　）とよばれる小説を著した。（　④　）が描いた『見返り美人図』に代表される浮世絵は, 版画として大量生産され, 多くの人に親しまれるようになった。

　　ア　元禄　　イ　菱川師宣　　ウ　浮世草子　　エ　井原西鶴

　　□①　　　　　　　□②　　　　　　　□③　　　　　　　□④

□**2**　右の写真は, この時代に制作された『八橋蒔絵螺鈿硯箱』です。制作者を次から選びましょう。

　　住吉具慶　　俵屋宗達　　狩野探幽　　尾形光琳

出典：ColBase（https://colbase.nich.go.jp/）

3　この時代の文学や学問について, 次の①～③に関係する語句をA群, B群からそれぞれ選びましょう。

　　A群　　　本草学　　水戸学　　俳諧　　人形浄瑠璃

　　B群　　松尾芭蕉　　関孝和　　徳川光圀　　近松門左衛門

①『おくのほそ道』　□A群　　　　　　　□B群

②『曽根崎心中』　□A群　　　　　　　□B群

③『大日本史』　□A群　　　　　　　□B群

解答

1 ① ア ② エ ③ ウ ④ イ **2** 尾形光琳

3 ① A群：俳諧 B群：松尾芭蕉 ② A群：人形浄瑠璃

B群：近松門左衛門 ③ A群：水戸学 B群：徳川光圀

解説

1 ①17世紀後半～18世紀前半に栄えた**元禄**文化は，徳川綱吉の時代の
元号にちなんでいます。農業をはじめ，漁業や鉱業，手工業といった産
業が各地でめざましく発展した時代で，交通網の整備によって流通が促
されたことで商業都市が栄えました。江戸・大坂・京都の三都のうち，
特に大坂は「天下の台所」とよばれておおいに繁栄しました。

②俳諧師として活躍していた**井原西鶴**は，好色や金銭を題材にした浮
世草子を多数生み出しました。処女作『好色一代男』のほか，町人の出世・
没落を描いた『日本永代蔵』や，大晦日の収支決算日を乗り切ろうとす
る町人の姿を描く『世間胸算用』などの作品があります。

③現実を楽しむ町人文化の中で生まれた**浮世草子**は，世相を写実的に
描写した内容だったため，庶民に親しまれました。

④**菱川師宣**は『見返り美人図』のような肉筆画だけでなく，木版画の
制作も行い，浮世絵版画の祖とされています。

見返り美人図

出典：ColBase
(https://colbase.nich.go.jp/)

2 **尾形光琳**は，俵屋宗達に影響を受けた画家ですが，蒔絵などの工芸品
も手がけました。光琳の流派は琳派とよばれます。幕府の
御用絵師だった住吉具慶は，住吉派の2代目として大和絵
（日本の自然や風俗を題材とした絵画）を広めました。狩野
探幽ははじめて江戸幕府の御用絵師となった人物で，江戸
城や二条城の障壁画を制作しました。

3 ①元禄期には多くの文芸作品が生まれました。『おくのほ
そ道』は東北，北陸地方をめぐる旅を記した**俳諧**紀行文で，
松尾芭蕉が著しました。

②『曽根崎心中』は**近松門左衛門**による**人形浄瑠璃**で，
男女の心中話を描いた作品です。

③『大日本史』は**徳川光圀**の命で編纂された歴史書で，
その編纂過程で成立した**水戸学**はのちに尊皇論に影響を与
えました。本草学とは，薬になる動植物や鉱物を研究する
博物学で，『大和本草』を編纂した貝原益軒が代表的な本草
学者です。和算の大成者である関孝和は，『発微算法』を著
して日本の数学を大きく発展させました。和算とは，中国
の数学をもとに研究された日本独自の数学です。

おもな美術作品
絵画 『紅白梅図屏風』（尾形光琳） 『洛中洛外図巻』（住吉具慶） 『見返り美人図』（菱川師宣）
陶器 『色絵藤花文茶壺』（野々村仁清）
染色 友禅染（宮崎友禅）

おもな文学作品
浮世草子 『好色一代男』『日本永代蔵』 『世間胸算用』（井原西鶴）
脚本 『曽根崎心中』（近松門左衛門）
俳諧・俳文 『おくのほそ道』（松尾芭蕉）

元禄文化

1 次の表は，江戸幕府の三大改革についてまとめたものです。表中①～⑥にあてはまる語句を次からそれぞれ選びましょう。

改革	享保の改革 （1716～45）	寛政の改革 （1787～93）	天保の改革 （1841～43）
人物	8代将軍（　①　）	老中（　③　）	老中（　⑤　）
改革の内容	・（　②　）の制定 　…新しい裁判の基準 ・目安箱の設置 ・上げ米 　…参勤交代の軽減 ・相対済し令 ・新田開発の奨励	・囲米 　…米を貯蔵させる ・棄捐令 ・寛政異学の禁　A 　…（　④　）以外の学問禁止 ・旧里帰農令 ・人足寄場に無宿人を収容	・倹約令，風俗取締令 ・（　⑥　）の解散 ・人返しの法 　…江戸の貧民を帰村させる ・上知（地）令 ・天保の薪水給与令 　…異国船打払令の緩和

松平定信　　徳川吉宗　　水野忠邦　　朱子学　　株仲間　　公事方御定書

☐①
☐②
☐③
☐④
☐⑤
☐⑥

☐**2** 享保の改革後に老中となり，表中⑥の結成を勧めて幕府財政の立て直しを図った人物はだれですか。

☐**3** 表中の下線部Aによって幕府直轄となった教育機関を何といいますか。

☐**4** 天候不順や災害に起因する不作によって，人々が困窮状態に陥ることを何といいますか。

☐**5** 天保の改革の前に起きた**4**に対して，幕府が無策だったことから，大阪で農民を率いて挙兵した人物を次から選び，記号で答えましょう。

　　ア　大塩平八郎　　イ　大岡忠相　　ウ　徳川家斉　　エ　最上徳内

解答

1 ① 徳川吉宗　② 公事方御定書　③ 松平定信　④ 朱子学
⑤ 水野忠邦　⑥ 株仲間　**2** 田沼意次　**3** 昌平坂学問所
4 飢饉　**5** ア

解説

1　①徳川御三家のひとつである紀州徳川家から将軍となったのが，**徳川吉宗**です。吉宗が行った享保の改革では，財政立て直しだけでなく，洋書輸入制限の緩和や小石川養生所の設置，町火消しによる江戸の防火対策など，さまざまな政策を行いました。

　②江戸町奉行に抜擢された大岡忠相は，吉宗の命で**公事方御定書**の編纂を担当しました。

　③田沼意次に代わって老中となり，寛政の改革によって幕政の立て直しを図った**松平定信**は，徳川吉宗の孫にあたります。

　④**朱子学**の衰えを懸念した幕府は，寛政異学の禁による学問の統制を行いました。幕府に忠実な役人を育成するため，役人の登用試験は朱子学に限られました。

　⑤**水野忠邦**は，12代将軍家慶のときに老中首座として天保の改革を行いましたが，上知令などの強行的な政治が人々の反感を買い，老中を辞職しました。

　⑥**株仲間**とは，幕府や藩から営業権を認められた同業者組合のことです。

2　**田沼意次**は9代将軍家重の側近で，10代将軍家治の時代に老中となりました。株仲間を奨励し，利益の一部を営業税として納めさせるなどして経済の活性化を図ったほか，最上徳内らを派遣して蝦夷地開拓を進めようとしました。のちに賄賂政治が横行し，天明の大飢饉による百姓一揆の頻発などがきっかけとなって，田沼は失脚しました。

3　正式な幕府の学問所として湯島聖堂内に設けられた**昌平坂学問所**は，もとは林家の家塾でした。寛政の改革は，言論・出版統制や倹約など厳しいものであったため，世間の評判は悪く，右のような落首も詠まれたほどでした。息苦しい松平定信の政治はこりごりだ，にごった田沼の政治が恋しいという皮肉です。寛政の改革は，わずか6年で終わりました。

> 白河の清きに魚も　すみかねて
> もとのにごりの　田沼こひしき

4　江戸時代の**飢饉**のうち，享保の大飢饉，天明の大飢饉，天保の大飢饉は三大飢饉とよばれ，特に大きな被害が出ました。享保の大飢饉はウンカなどの虫害，天明の飢饉は浅間山の噴火や冷害，天保の飢饉も天候不順による冷害などが原因です。

5　多くの餓死者を出した天保の飢饉後，大坂町奉行所の元与力**大塩平八郎**は人々を救済するよう奉行所に働きかけましたが，聞き入れられませんでした。のちに民衆とともに起こした武力蜂起は鎮圧されましたが，元役人による大塩の乱は人々に大きな衝撃を与え，これを機に各地で一揆などが頻発するようになりました。

年	できごと
1657	明暦の大火
1707	富士山の噴火
1732	享保の大飢饉
1755	宝暦の飢饉
1772	明和の大火
1782	天明の大飢饉
1783	浅間山の噴火
1833	天保の大飢饉
1847	天然痘の流行
1855	安政江戸地震
1858	コレラの流行

江戸時代のおもな災害

⑤ 化政文化

□**1**　江戸時代後期を最盛期とする，化政文化の中心と
　　なった地域はどこですか。

2　右の表は，この時代の文学についてまとめたもの
　　です。表中①〜③にあてはまる語句を次からそれぞ
　　れ選び，記号で答えましょう。

　　ア　小林一茶　　イ　十返舎一九
　　ウ　滝沢馬琴　　エ　為永春水

□①　　　　　　　□②　　　　　　　□③

化政文化
読本
『雨月物語』（上田秋成）
『南総里見八犬伝』（　①　）
滑稽本
『東海道中膝栗毛』（　②　）
『浮世風呂』（式亭三馬）
俳諧
『蕪村七部集』（与謝蕪村）
『おらが春』（　③　）

□**3**　右の図は，この時期に親しまれた浮世絵です。作
　　品名と作者の組み合わせとして正しいものを次か
　　ら選び，記号で答えましょう。

　　ア　冨嶽三十六景 ― 喜多川歌麿
　　イ　冨嶽三十六景 ― 葛飾北斎
　　ウ　東海道五十三次 ― 歌川広重
　　エ　東海道五十三次 ― 菱川師宣

出典：ColBase（https://colbase.nich.go.jp/）

4　この時代の学問について述べた次の文には，2箇所誤りがあります。誤りを下線
　　部から2つ選び，それぞれ正しい答えに直しましょう。

　　官学とされた<u>朱子学</u>のほかに，大きく分けて2つの学問がある。日本の古典研究を
もとに日本古来の考え方を学ぶ国学と，外国の学問を学ぶ洋学である。洋学は，外国
の情報が<u>オランダ</u>からもたらされたことに由来して蘭学ともいう。国学者の<u>賀茂真淵</u>
は<u>『古事記伝』</u>という『古事記』の注釈書を著し，儒教や仏教の伝来前の日本人古来
の考え方を示した。いっぽう，蘭学では<u>伊能忠敬</u>や前野良沢らが西洋の解剖書を翻訳し，
<u>『解体新書』</u>として著した。

□誤　　　　　　　　　　　→　正　　　　　　　　

□誤　　　　　　　　　　　→　正

解説

1　11代将軍家斉の時代の元号である文化・文政から名をとった化政文化は，19世紀初頭に**江戸**で栄えました。町人を中心に栄えた点で元禄文化と共通し，人々の生活を題材にした文学や美術が数多く生まれました。幕政が動揺した時期でもあったため，政治批判から学問も発達しました。

2　①読本は歴史や伝奇を題材にした小説の一種です。**滝沢馬琴**の代表作には，『南総里見八犬伝』『椿説弓張月』などがあります。馬琴は「曲亭馬琴」の名も使っていました。

　②対話文を中心に，庶民の面白おかしい話を描く小説を滑稽本とよびます。弥次さん・喜多さんが東海道を通ってお伊勢参りに行く様子を描いた**十返舎一九**の『東海道中膝栗毛』は特に人気で，続編も出版されました。この人気を受けて描かれたのが浮世絵『東海道五十三次』です。

　③**小林一茶**は江戸中～後期の俳人です。長女さとの死を悼んで編んだ『おらが春』のほか，『西国紀行』や『さらば笠』などの俳諧紀行，句集をまとめました。

3　図は**葛飾北斎**の『冨嶽三十六景・神奈川沖浪裏』です。浮世絵には，筆で描かれた1点ものの肉筆画と，版画として多量に印刷された木版画があります。同じ絵柄で複数制作できる木版画は安価だったため，庶民に広まりました。『東海道五十三次』を描いた歌川広重の画風は，ゴッホなど西洋の画家にも影響を与えたといわれています。喜多川歌麿は多くの美人画を描いた浮世絵師です。

東海道五十三次之内・宮 熱田神事

出典：ColBase (https://colbase.nich.go.jp/)

4　国学は，『古事記伝』を著した**本居宣長**によって大成されました。同じく国学者の**賀茂真淵**は『万葉集』を研究した『万葉考』を著しました。洋学では**杉田玄白**が前野良沢らとともに『ターヘル・アナトミア』を翻訳し，蘭学の発達に貢献しました。**伊能忠敬**は天文学や測量術を学んだ人物で，全国を歩いて測量し，精度の高い日本地図を作りました。学問が重視されたこの時代，武士の子どもは藩学（藩校）で，庶民は寺子屋で読み・書き・そろばんを学んでいました。ドイツ人のシーボルトが長崎で鳴滝塾を，緒方洪庵が大坂で適塾（適々斎塾）を開いたのもこの時期です。

おもな学問・学者
国学 契沖，荷田春満，賀茂真淵，本居宣長，平田篤胤
水戸学 藤田幽谷，藤田東湖
洋学 前野良沢，杉田玄白，緒方洪庵，伊能忠敬

おもな藩学・私塾
藩学 弘道館（水戸），明倫館（萩），閑谷学校（岡山）
私塾 適塾（大坂），松下村塾（萩），鳴滝塾（長崎）

江戸時代の学問・教育

黒船来航

□**1**　1853 年に軍艦 4 隻を率いて浦賀に来航した，アメリカの東インド艦隊司令長官はだれですか。

□**2**　**1** が日本に開国を求める国書を提出した際の日本の対応として，あてはまるものを次から選び，記号で答えましょう。

ア　態度を決められない朝廷に代わって，幕府が開国を決めた。
イ　幕府は態度を決められず，1 年後の回答を約束して一旦帰らせた。
ウ　これまでの方針を貫き，幕府は国書を受け取らなかった。
エ　外国船が漂着した際，水や燃料，食料を与えることを決めた。

□**3**　1854 年に日本がアメリカと締結した，開国などを取り決めた条約を何といいますか。

4　**3** の条約によって開港した 2 つの港を右の図中ア～カから 2 つ選び，記号で答えましょう。

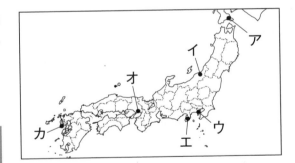

□□　□□

□**5**　日本がアメリカと貿易を行うきっかけとなった条約を何といいますか。

6　**5** の条約について，次の文が説明している権利をそれぞれ何といいますか。

①　外国人が日本で罪を犯した場合，本国の法律に基づいて本国の領事が裁判を行う権利を認める。
②　外国との貿易において，日本は関税を自由に決める権利をもたない。

□① □　　□②

61

解説

1　日本には開国や通商を求める欧米諸国の船がたびたび来航していましたが，幕府は1825年に異国船打払令を出し，中国・オランダ以外の外国船は撃退する方針を取っていました。アヘン戦争で清（中国）がイギリスに敗れたことを知ると，幕府は方針を転換し，漂着した外国船に食料や薪炭を与える薪水給与令を出しましたが，開国要求に応じることはありませんでした。そして1853年，開国を求める大統領からの国書を携えて浦賀に来航したのが**ペリー**でした。

年	できごと
1792	ロシアのラクスマンが根室に来航
1804	ロシアのレザノフが長崎に来航
1808	イギリス軍艦フェートン号が長崎に侵入
1825	異国船打払令
1837	アメリカ船モリソン号が浦賀に来航
1840	アヘン戦争勃発
1842	天保の薪水給与令
1846	アメリカのビッドルが浦賀に来航
1853	アメリカのペリーが浦賀に来航
	ロシアのプチャーチンが長崎に来航
1854	ペリー再来航，日米和親条約締結
1858	日米修好通商条約締結

開国までの外国船の接近

2　幕府は事前にペリー来航の情報を得ていましたが，有効な策を講じずに当日を迎えました。結局ペリーを久里浜に上陸させて国書を受け取り，1年の猶予を求めて退去させました。

3　1854年にペリーは再び来航し，威圧的な姿勢を見せました。幕府は横浜で**日米和親条約**を結び，箱館と下田の2港の開港，アメリカが寄港した際の食料や水，薪炭を供給すること，下田へのアメリカ領事の駐在を認めることなどが約束されました。この条約は神奈川条約ともよばれます。以後幕府はイギリス，オランダ，ロシアとも同様の和親条約を締結することになりました。

4　地図中のアは**箱館**，イは新潟，ウは神奈川（横浜），エは**下田**，オは兵庫（神戸），カは長崎です。箱館，下田以外は，日米修好通商条約で開港した港です。日米修好通商条約では横浜を開港する代わりに下田を閉鎖しました。

5　日米和親条約を結んだのち，初代アメリカ駐日総領事として下田に着任したアメリカの総領事ハリスは，日本との貿易を求めて通商条約の締結を迫りました。これによって結ばれたのが**日米修好通商条約**です。

6　①**領事裁判権**のもとでは，日本国内でのアメリカ人の犯罪は，アメリカ領事がアメリカの法にしたがって裁判を行うこととなります。

　②**関税自主権**がないという点でも，日米修好通商条約は日本にとって不平等な内容でした。幕府は，ほぼ同じ内容の条約をオランダ・ロシア・イギリス・フランスとも結びました（安政の五か国条約）。明治期の日本にとって，これらの条約の改正が大きな課題となるのでした。

ゆれ動く幕府

□**1**　朝廷の許可を得ず，独断で日米修好通商条約を結んだ幕府の大老はだれですか。

2　朝廷の許可を得ずに条約調印をした**1**の人物を非難し，その政治に反発したために安政の大獄によって処刑された人物を次から2人選びましょう。

島津久光　　安藤信正　　吉田松陰　　橋本左内　　山内豊信

□　　　　　　　　　　　　□

□**3**　安政の大獄に反発した元水戸藩士が**1**の人物を暗殺した事件を何といいますか。

□**4**　**3**の事件後，安藤信正らが進めた朝廷と幕府による協調政治をめざす政治思想を何といいますか。

□**5**　**4**によって，14代将軍家茂に嫁いだ人物はだれですか。

□**6**　天皇を敬う考えと，開国に反対して外国勢力を排斥する考えが結びついた幕府批判の運動を何といいますか。

7　次の文の①〜③にあてはまる語句をそれぞれ書きましょう。

> 朝廷からの命を受けた（　①　）藩は，（　②　）海峡を通る外国船を砲撃した。報復として翌年，アメリカ，（　③　），フランス，オランダの四国連合艦隊に（　②　）の砲台を攻撃されると，（　①　）藩は攘夷の不可能を悟り，倒幕へと転換した。

□①　　　　　　　　　□②　　　　　　　　　□③

解説

1 **井伊直弼**は近江（現・滋賀県）の彦根藩主で，大老に就任したのち，勅許（天皇の許可）を得ないまま日米修好通商条約を結びました。これに対して孝明天皇は激怒し，反幕・攘夷の気運が高まるきっかけとなりました。

2 この時期，幕府内では将軍家定の後継者問題が起きていました（将軍継嗣問題）。雄藩と協力して外交問題に対抗すべきと考える一橋派（一橋慶喜を推挙）と，血統を重視し従来通りの幕政を行おうとする南紀派（徳川慶福を推挙）が争うなか，井伊は後継を慶福に定め，反対派への弾圧を始めました。これを安政の大獄とよびます。**吉田松陰**は長州（現・山口県）藩士で，高杉晋作や伊藤博文など，明治維新における重要人物を数多く育てました。福井藩士の**橋本左内**は緒方洪庵に学び，将軍継嗣問題では一橋慶喜を擁立した一橋派の人物です。島津久光は兄・斉彬の死後に藩政を担い，薩摩藩（現・鹿児島県）の国父として実権を握って公武合体運動を進めた人物です。老中首座だった安藤信正も同じく公武合体運動を推進しました。山内豊信（容堂）は土佐（現・高知県）藩主で，安政の大獄では謹慎を命じられました。のちに徳川慶喜に大政奉還を建白した人物です。

3 安政の大獄に激怒した水戸浪士らが井伊直弼を暗殺した事件を**桜田門外の変**とよびます。大老が暗殺されるという事件によって，幕府の権威は大きく失墜することとなりました。

4 **公武合体**とは，朝廷（公）と幕府（武）の協力によって国内外の情勢を安定させようという趣旨のもと，広まった考え方です。幕府の権威を回復させることが目的でした。

桜田門外之変図（部分）

茨城県立図書館蔵
(茨城県立歴史館保管)

5 公武合体の象徴として，安藤信正は孝明天皇の妹**和宮**を徳川家茂に降嫁させました。和宮にはすでに婚約者がおり，それを解消させての降嫁だったため，安藤は尊王攘夷派の怒りを買うこととなり，坂下門外の変で水戸浪士らに襲撃されました。

6 尊王論と攘夷論を結びつけ，朝廷を軽んじる幕政のあり方や開国に反対する運動を**尊王攘夷運動**とよびます。水戸学の流れから，下級武士を中心に全国的に広がりました。

7 ①当時の**長州**藩は攘夷運動の中心でした。

　②4国の連合艦隊は，前年の事件の報復として**下関**を砲撃しました（四国艦隊下関砲撃事件）。

　③1863年には，**イギリス**と薩摩藩との間で薩英戦争が起きました。横浜近郊で薩摩藩士がイギリス人を殺傷した事件（生麦事件）がこの戦争の引き金でした。

⑧ 武士の世の終わり

□**1**　江戸幕府の最後の将軍はだれですか。

□**2**　武力による争いを避けるため，江戸幕府は政権を
朝廷に返上しました。この出来事を何といいますか。

□**3**　薩長を中心とする勢力によって推し進められた，
天皇中心の政治体制への転換宣言を何といいますか。

□**4**　次の文には，1箇所誤りがあります。誤りを下線部から1つ選び，正しい答え
に直しましょう。

> 戊辰戦争は，薩摩藩・長州藩・土佐藩を中心とした新政府軍と旧幕府軍・奥羽越列
> 藩同盟との戦いをさす。戦いは京都近郊の鳥羽・伏見で始まった。田原坂では，旧幕
> 府軍側の白虎隊が悲劇的な自刃をする。江戸城が無血開城されたあと，逃げのびた榎
> 本武揚率いる旧幕府軍は箱館で抗戦したが，結局降伏し，戊辰戦争は終結をむかえた。

誤 [　　　　　　　　　]　→　正 [　　　　　　　　　]

□**5**　新政府と旧幕府方との交渉の結果，江戸城は無血開城で新政府へ引き渡される
ことになりました。この会談に携わった幕臣を次から選びましょう。

土方歳三　　松平容保　　高杉晋作　　勝海舟

6　右の図は，薩長同盟の関係図です。図中①～③に
あてはまる人物を次からそれぞれ選びましょう。

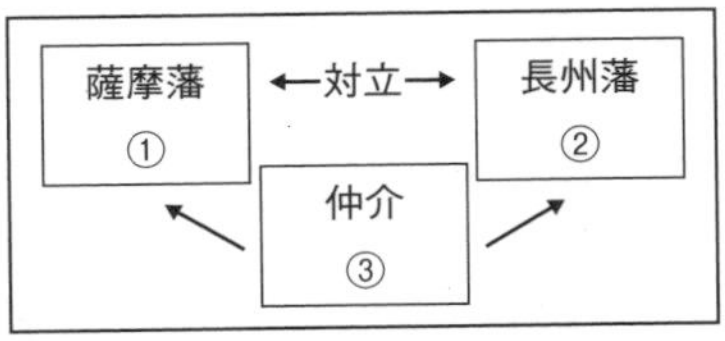

木戸孝允　　西郷隆盛　　坂本龍馬

薩摩藩 ①	←対立→	長州藩 ②
	仲介 ③	

□①[　　　　　]　　　□②[　　　　　]　　　□③[　　　　　]

□**7**　戊辰戦争の最後の地となった，旧幕府軍が本拠と
した函館の西洋式城郭を何といいますか。

解説

1 **徳川慶喜**は御三家のひとつ，水戸徳川家の生まれです。幕末という動乱期にその高い能力を買われて，第15代将軍に就任し，江戸幕府の最後の将軍となりました。戊辰戦争後は，水戸や駿河（現・静岡県）で謹慎生活を送り，約30年後に東京へ戻りました。

2 1867年10月14日，江戸幕府は政権を天皇へ返し，朝廷はそれを認めました。このできごとを**大政奉還**とよびます。薩摩藩・長州藩との武力衝突を避けるために，形式的に政権を返上し，天皇のもとで徳川および雄藩らが全国の統治を行うという構想（公議政体論）にもとづいて，慶喜が実権を握り続ける見通しがあったといわれています。

3 **王政復古の大号令**とは，岩倉具視を主とする倒幕派の公家と，薩摩藩や長州藩などの画策による新政府樹立の宣言です。ねらいは幕府の廃絶と徳川氏の排除にあり，慶喜には官職と領地の返上（辞官納地）を命じました。新政府には総裁・議定・参与の三職が置かれたほか，摂政・関白が廃止されました。

4 旧幕府軍は，王政復古の大号令を含めた新政府の対応に憤慨し，兵を進軍させました。**会津**の戦いでは，自軍の敗北を悟った少年部隊の白虎隊が自決の道を選びました。**田原坂**の戦いは戊辰戦争ではなく，明治時代に起きた西南戦争において最大の激戦とされる戦いです。

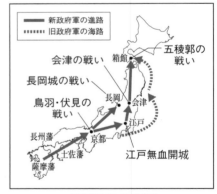

戊辰戦争の経過

5 江戸総攻撃を回避する条件のひとつに，江戸城の明け渡しがありました。旧幕府側の**勝海舟**と新政府側の西郷隆盛との間で交渉が行われた結果，1868年4月，徳川家の抵抗なしに江戸城は新政府へと明け渡されました。土方歳三は，京都守護職だった松平容保のもとで組織された新撰組の副長です。高杉晋作は，奇兵隊を組織して長州藩を倒幕へ転換させた人物です。

6 ①大久保利通とともに倒幕をめざす薩摩藩のリーダーとして活躍した**西郷隆盛**は，もともと島津斉彬の側近でした。

②「維新の三傑」のひとりである**木戸孝允**は長州藩出身で，桂小五郎とも名乗った人物です。

③**坂本龍馬**は土佐藩出身で，薩長同盟を結んだ立役者とされています。

7 **五稜郭**は，幕末に築城された国内初の西洋式城郭で，現在の北海道函館市にあります。星形五角形の要塞は死角が少ないなどの利点があり，西洋の城塞都市をヒントにしたものでした。

IV

近代・現代

歴史のヒント④ 明治時代〜

歴代の内閣総理大臣

代	総理大臣	おもなできごと	代	総理大臣	おもなできごと
明治時代（1868〜1912）			28	若槻礼次郎②	柳条湖事件
1	伊藤博文①	内閣制度発足 ノルマントン号事件	29	犬養毅	満州国建国宣言 五・一五事件
2	黒田清隆	大日本帝国憲法公布	30	斉藤実	国際連盟脱退
3	山県有朋①	教育勅語公布 第一回衆議院議員総選挙	31	岡田啓介	二・二六事件
			32	広田弘毅	日独防共協定締結
4	松方正義①	足尾鉱毒事件	34	近衛文麿①	盧溝橋事件
5	伊藤博文②	日英通商航海条約締結 日清戦争 下関条約締結	38 39	近衛文麿②③	日独伊三国同盟 日ソ中立条約締結
			40	東条英機	太平洋戦争
9	山県有朋②	治安警察法公布 立憲政友会結成	41	小磯国昭	米軍沖縄上陸
			42	鈴木貫太郎	ポツダム宣言受諾
11	桂太郎①	日英同盟 日露戦争 ポーツマス条約締結	43	東久邇宮稔彦王	マッカーサー来日
			44	幣原喜重郎	極東国際軍事裁判開廷
			45	吉田茂①	日本国憲法公布
13	桂太郎②	韓国併合 関税自主権回復	49	吉田茂③	朝鮮戦争 サンフランシスコ平和条約
14	西園寺公望②	中国で辛亥革命勃発 明治天皇崩御	54	鳩山一郎③	日ソ共同宣言 国際連合加盟
大正時代（1912〜1926）			57	岸信介②	日米新安保条約締結
15	桂太郎③	第一次護憲運動 大正政変	58〜 74	**55年体制（1955〜1993）** 池田勇人→佐藤栄作→田中角栄→三木武夫→福田赳夫→大平正芳→鈴木善幸→中曽根康弘→竹下登	
17	大隈重信②	第一次世界大戦 二十一カ条の要求			
18	寺内正毅	ロシアでロシア革命勃発 シベリア出兵 米騒動	平成時代（1989〜2019）		
19	原敬	ヴェルサイユ条約締結 国際連盟発足，加盟	75〜 78	**55年体制（1955〜1993）** 宇野宗佑→海部俊樹→宮沢喜一	
20	高橋是清	ワシントン会議	79〜 98	細川護熙→羽田孜→村山富市→橋本龍太郎→小渕恵三→森喜朗→小泉純一郎→安倍晋三→福田康夫→麻生太郎→鳩山由紀夫→菅直人→野田佳彦→安倍晋三	
23	清浦奎吾	第二次護憲運動			
24	加藤高明①	治安維持法公布 男子普通選挙の実現			
25	若槻礼次郎①	大正天皇崩御			
昭和時代（1926〜1989）			令和時代（2019〜）		
26	田中義一	山東出兵 張作霖爆死事件	99〜 101	菅義偉→岸田文雄	
27	浜口雄幸	ロンドン海軍軍縮条約締結			

※①：第1次，②：第2次，③：第3次を示す。

□ **1** 右の表中Ａにあてはまる，明治政府が示した新し
い政治の方針を何といいますか。

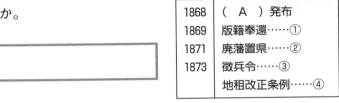

年	できごと
1868	（　Ａ　）発布
1869	版籍奉還……①
1871	廃藩置県……②
1873	徴兵令……③
	地租改正条例……④

2 明治政府が行った表中①〜④の政策に関する説明として，正しいものを次から
それぞれ選び，記号で答えましょう。

　　ア　満20歳以上の男子に兵役の義務を負わせた。

　　イ　藩を廃して県をおき，県令（県知事）を派遣して地方を治めさせた。

　　ウ　大名が支配していた土地と人民を朝廷に返させた。

　　エ　土地所有者が地価の3%を税として現金で納めることを定めた。

　　　□①　　　　　　□②　　　　　　□③　　　　　　□④

□ **3** 表中③，④の政策によって，明治政府が実現をめ
ざした国のスローガンを何といいますか。

□ **4** 近代産業を発展させようという明治政府の政策を
何といいますか。

□ **5** 1872年に明治政府が設立した日本初の官営模範
工場を何といいますか。

□ **6** 1872年に日本で初めて鉄道が開通しました。そのときの路線として正しいもの
を次から選び，記号で答えましょう。

　　ア　東京 ― 横浜　　イ　東京 ― 京都

　　ウ　新橋 ― 横浜　　エ　新橋 ― 京都

□ **7** 1873年，日本で最初の国立銀行の設立を実現した人物を次から選びましょう。

　　福沢諭吉　　前島密　　岩崎弥太郎　　渋沢栄一

解説

1　戊辰戦争のさなか，明治天皇が神に誓う形式で，新政府は**五箇条の誓文**を発表しました。公議を尊重しながら天皇中心の政治を行うという政府の基本方針を示したものでした。江戸は東京に改められ，天皇は京都から東京に移りました。天皇一代につき元号一つと定めた「一世一元の制」が導入され，元号は明治となりました。

一　広ク会議ヲ興シ万機公論ニ決スベシ
一　上下心ヲ一ニシテ盛ニ経綸ヲ行フベシ
一　官武一途庶民ニ至ル迄各其志ヲ遂ゲ
人心ヲシテ倦マザラシメン事ヲ要ス
一　旧来ノ陋習ヲ破リ天地ノ公道ニ基クベシ
一　智識ヲ世界ニ求メ大ニ皇基ヲ振起スベシ

五箇条の誓文

2　①政府は**版籍奉還**によって大名が治めていた領地（版）とそこに住む領民（籍）を天皇に返還させました。旧藩主がそのまま知藩事としてその土地の統治にあたっていたため，当初はうまく中央集権が進みませんでした。

　②中央集権体制を強固にするため，藩を廃して府県を置き，全国を政府の直轄とする**廃藩置県**が行われました。罷免された知藩事は東京居住を命じられ，政府から新たに府知事・県令が派遣されました。

　③明治政府は**徴兵令**を出し，満20歳以上の男子に兵役の義務を課して近代的な軍隊をつくることをめざしました。

　④財政を安定させるため，政府は地価を定めて地券を発行しました。税として，その地価の3%を現金で土地所有者に納めることを決めたのが**地租改正条例**です。

3　**富国強兵**を唱えた明治政府が目的としたのは，欧米列強の植民地とならぬよう経済を発展させるとともに軍事力を強化し，国家としての独立を守ることでした。

4　経済基盤を固めて国力を充実させるために，政府は欧米諸国の近代的な制度や技術を導入し，産業を興して育成する**殖産興業**を進めました。この政策によって産業の機械化が促進され，資本主義の基礎が築かれることとなりました。

5　殖産興業政策のひとつが，**富岡製糸場**のような官営の工場を設けて経営することでした。新技術を取り入れるために外国人技師などの指導を受けたほか，留学生の派遣も行われました。

6　**新橋－横浜**間の開通から約5年のうちに大阪・神戸間，大阪・京都間も開通し，1889年には新橋・神戸間の東海道線が開通しました。

7　**渋沢栄一**は元幕臣で，第一国立銀行を創設したほか，多くの企業の創立・発展に寄与しました。福沢諭吉は『学問のすゝめ』を著し，教育や啓蒙活動を行った人物です。前島密は明治期に郵便制度を創始しました。岩崎弥太郎は三菱財閥の基礎を作った実業家です。

渋沢栄一

出典：国立国会図書館
「近代日本人の肖像」
(https://www.ndl.go.jp/portrait/)

明治期の政治運動

1　右の図は，明治期の政治運動と反乱について まとめたものです。図中①，②にあてはまる語句をそれぞれ書きましょう。

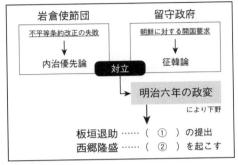

岩倉使節団　　　　　留守政府

不平等条約改正の失敗　朝鮮に対する開国要求

↓　　　　　　　　　↓

内治優先論　　対立　　征韓論

→　明治六年の政変

により下野

↓

板垣退助 ……（　①　）の提出
西郷隆盛 ……（　②　）を起こす

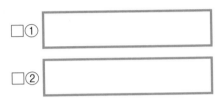

□①　[   ]

□②　[   ]

□**2**　図中の<u>岩倉使節団ではない人物</u>を次から選び，記号で答えましょう。

　　ア　山口尚芳　　イ　江藤新平
　　ウ　木戸孝允　　エ　大久保利通

[   ]

□**3**　図中①の提出によって全国的に広まった，国会開 設を求める運動を何といいますか。

[   ]

□**4**　国会の即時開設を主張したものの，明治十四年の 政変によって政府から追放された人物はだれですか。

[   ]

□**5**　1889 年に明治天皇が国民に与えるという形式で 発布された憲法を何といいますか。

[   ]

□**6**　5の憲法制定を進め，内閣制度を整えて初代内閣 総理大臣になった人物はだれですか。

[   ]

7　次の文は 1890 年の第 1 回衆議院議院総選挙で，選挙権を持っていた人々について述べたものです。次の文の①，②にあてはまる数字をそれぞれ書きましょう。

直接国税を　（　①　）円以上納める，満　（　②　）歳以上の男子

□①　[   ]　　□②　[   ]

1 ① 民撰議院設立建白書 ② 西南戦争 **2** イ **3** 自由民権運動
4 大隈重信 **5** 大日本帝国憲法 **6** 伊藤博文 **7** ① 15 ② 25

解説

1 ①明治政府の参議だった板垣退助，西郷隆盛らは，征韓論（強硬姿勢で朝鮮を開国させようという主張）を唱えていましたが，政府に戻った岩倉具視や大久保利通らの内政重視論に敗れ，下野しました（明治六年の政変）。翌年，板垣と後藤象二郎らは一部の勢力が政治を占有している状況を非難して**民撰議院設立建白書**を提出し，国会を開設して国民が政治に参加すべきと主張しました。

②明治政府に不満を持っていた士族が，西郷隆盛を首領として起こしたのが**西南戦争**です。政府は，徴兵令によって編成した政府軍を派遣して乱を鎮圧し，西郷隆盛は敗死しました。

2 1871年，岩倉具視を全権大使とする岩倉使節団（木戸孝允，大久保利通，山口尚芳，伊藤博文ら）が欧米諸国に派遣されました。目的のひとつだった不平等条約の改正には至りませんでしたが，中国とは初の対等条約である日清修好条規を結びました。**江藤新平**は征韓論を唱えて西郷・板垣らとともに下野し，佐賀の乱を起こした人物です。

3 民撰議院設立建白書の提出をきっかけに，各地で言論による**自由民権運動**が起こりました。国内初の全国的政治結社である愛国社が組織されたほか，1880年には大阪で国会期成同盟が結成され，国会開設を求める請願書の提出を図りました。

4 のちに立憲改進党を結成する**大隈重信**は，イギリスを参考とした議会主義のもとで急進的に憲法制定・国会開設を行うべきであると唱え，岩倉具視・伊藤博文らと対立しました。開拓使官有物払下げ事件で批判をあびた政府は，大隈一派を辞職に追い込み，薩長藩閥体制を確立しました。

5 大隈重信を辞職させた後，政府はドイツ流の憲法制定と10年後の国会開設を決め，1889年に**大日本帝国憲法**を発布しました。この憲法では，天皇は神聖不可侵な存在であり，天皇が元首として国を統治することとされていました。あわせて皇室典範が制定されるなど，法の整備も進みました。

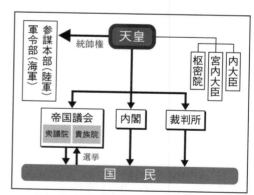

大日本帝国憲法による国のしくみ

6 政府主導で憲法制定を進めたのは**伊藤博文**です。伊藤はヨーロッパで憲法や立憲政治について学び，1885年に内閣制度を定めました。みずから初代内閣総理大臣に就任し，薩摩・長州藩出身者が要職を独占していたため，藩閥政府であると批判されました。

7 帝国議会は皇族や華族，天皇から任命された議員などから構成される貴族院と，国民の選挙で選ばれた議員からなる衆議院の二院制でした。選挙権が与えられたのは「直接国税を15円以上納める25歳以上の男子」という要件がある制限選挙でした。

③ 日清戦争・日露戦争

1 次の文の①〜③にあてはまる語句をそれぞれ書きましょう。

> 明治政府が結んだ日朝修好条規は朝鮮を独立国として扱う行為であったため，中国を刺激した。朝鮮では親日派，親中派が対立し，朝鮮をめぐる日中両国の対立が深まった結果，（　①　）戦争が勃発した。日本はこの戦争で勝利したものの，日本の大陸進出を警戒する（　②　）との対立が深まり，その後（　③　）戦争に発展した。

□① [　　　　　]　　□② [　　　　　]　　□③ [　　　　　]

2 文中①の戦争の講和条約を何といいますか。また，この戦争で日本が獲得した右の図Aの地域を何といいますか。

澎湖諸島
台湾
■■ 条約で日本が獲得した領土

□条約 [　　　　　]

□A [　　　　　]

□**3** 文中③の戦争の講和条約を何といいますか。

[　　　　　]

□**4** 右の資料は，文中③の戦争に出兵した弟を想って詠まれたものです。この詩を詠んだ人物を次から選び，記号で答えましょう。

ア　内村鑑三　　イ　幸徳秋水
ウ　樋口一葉　　エ　与謝野晶子

[　　　]

あゝ、をとうとよ　君を泣く
君死にたまふことなかれ
末に生まれし君なれば
親のなさけはまさりしも
親は刃をにぎらせて
人を殺せとをしへしや……
（『君死にたまふことなかれ』より）

□**5** 文中③の戦争中に日本へ留学していた孫文に関する説明として，正しいものを次から選び，記号で答えましょう。

ア　三民主義を唱えて，辛亥革命の中心となり清国を倒した。
イ　皇帝を退位させて，中華民国の初代大総統となった。
ウ　臨時政府を倒して，ソヴィエト政権を樹立した。
エ　日本の支配に反発して，韓国統監の伊藤博文を暗殺した。

解答

1 ① 日清　② ロシア　③ 日露　**2** 条約：下関条約　A：遼東半島
3 ポーツマス条約　**4** エ　**5** ア

解説

1　①朝鮮半島への影響力を拡大したいと考えていた日本は，朝鮮の宗主国であった清国（中国）と対立しました。1894年，朝鮮で起きた甲午農民戦争を機に**日清**戦争が始まりました。

②日清戦争勝利を経て，日本が大陸への進出を強めることを危惧した**ロシア**は，ドイツ・フランスとともに遼東半島の返還を日本に迫りました（三国干渉）。

③日清戦争後，列強各国は清国をつぎつぎと侵略しました。清国で起きた義和団事変の鎮圧を契機として実質的に満州を占領したロシアに対し，日本国内ではロシアに対する反発が高まり，1904年に**日露**戦争が始まりました。戦況は日本の優勢でしたが，戦争の長期化や戦費の増加により両国ともに戦争継続が難しくなったため，アメリカの仲介で講和となりました。

2　**下関条約**は，伊藤博文・陸奥宗光と李鴻章（清国側全権）との間で調印されました。この条約で日本は朝鮮の独立を中国に認めさせ，台湾，澎湖諸島，**遼東半島**と多額の賠償金を獲得しました。遼東半島領有の条件は，のちにロシア・ドイツ・フランスによる三国干渉を招きました。

3　**ポーツマス条約**によって，日本は韓国における優越権を獲得し，旅順・大連や南満州の鉄道・炭鉱の利権，南樺太の領土などを譲り受けました。しかし，賠償金を受け取ることはできませんでした。日本全権は小村寿太郎です。

4　**与謝野晶子**は明治期の歌人です。雑誌『明星』でこの詩を発表しました。内村鑑三はキリスト教の立場から，幸徳秋水は社会主義の立場から，日露戦争に反対の立場をとった人物です。樋口一葉は明治期に『たけくらべ』などを発表した作家です。

5　日本が大国ロシアに勝利したことは，アジア諸国に大きな影響を与えました。「民族主義・民権主義・民生主義」の三民主義を唱えた**孫文**は，東京で中国同盟会を結成しました。のちに南京を首都とする中華民国が成立すると（辛亥革命），孫文はその初代臨時大総統に就任しましたが，まもなく譲位し，袁世凱が初代正式大総統に就任しました。ロシア革命を経てソヴィエト政権の樹立を指導したのはレーニン，伊藤博文を暗殺したのは安重根です。

第一条　清国ハ朝鮮国ノ完全無欠ナル独立自主ノ国タルコトヲ確認ス。因テ右独立自主ヲ損害スヘキ朝鮮国ヨリ清国ニ対スル貢献典礼等ハ将来全ク之ヲ廃止スヘシ

第二条　清国ハ左記ノ土地ノ主権並ニ該地方ニ在ル城塁，兵器製造所及官有物ヲ永遠日本国ニ割与ス
一　左ノ経界内ニ在ル奉天省南部ノ地（以下略）
二　台湾全島及其ノ付属諸島嶼
三　澎湖列島（以下略）

第四条　清国ハ軍費賠償金トシテ庫平銀二億両ヲ日本国ニ支払フヘキコトヲ約ス。（以下略）

下関条約（抜粋）

明治期の文化

1　右の表中①〜④にあてはまる人物を次からそれぞれ選びましょう。

夏目漱石　　森鷗外　　島崎藤村　　二葉亭四迷

代表的な近代文学
写実主義
『小説神髄』（坪内逍遙）
『浮雲』（　①　）
ロマン主義
『舞姫』（　②　）
『たけくらべ』（樋口一葉）
自然主義
『破戒』（　③　）
『蒲団』（田山花袋）
反自然主義
『吾輩は猫である』（　④　）

☐①　[　　　]　　☐②　[　　　]

☐③　[　　　]　　☐④　[　　　]

☐**2**　「柿くへば鐘が鳴るなり法隆寺」の俳句で知られる，俳句の革新運動を進めた人物はだれですか。

[　　　]

☐**3**　右の絵画を描いた人物は，明治期に光の色彩表現をフランスのパリで学んだ画家です。この人物を次から選び，記号で答えましょう。

　　ア　岡倉天心　　イ　横山大観
　　ウ　黒田清輝　　エ　フェノロサ

[　　　]

出典：ColBase（https://colbase.nich.go.jp/）

☐**4**　梅毒病原体スピロヘータの純粋培養や黄熱病の研究などを行った人物はだれですか。

[　　　]

☐**5**　1901年に創業を開始した，現在の北九州市に設立された官営の製鉄所を何といいますか。

[　　　]

☐**6**　鉱毒被害を受けた農民とともに，足尾銅山の実情を天皇に直訴しようとした人物はだれですか。

[　　　]

解答

1 ① 二葉亭四迷　　② 森鷗外　　③ 島崎藤村　　④ 夏目漱石
2 正岡子規　　**3** ウ　　**4** 野口英世　　**5** 八幡製鉄所　　**6** 田中正造

解説

1　①明治期の文学は，作品の傾向からいくつかの思潮に分けることができます。社会のできごとや人間の生きる姿を客観的な視点から忠実に描こうとしたのが，写実主義です。坪内逍遥に影響を受けた**二葉亭四迷**は，話しことばに近い文体（言文一致体）を使って小説を書くことを試みました。

　②人間の内面を重視し，個人の思想・感情を自由に表現しようとするロマン主義のさきがけとなったのが，**森鷗外**の『舞姫』です。

　③**島崎藤村**は，はじめロマン主義の立場をとっていましたが，のちに理想化を避けて現実をありのままに描こうとする自然主義に転換し，執筆活動を行いました。

　④自然主義に批判的な立場をとったのが反自然主義です。世俗と距離を置き，皮肉やユーモアを交えた余裕のある作風から，**夏目漱石**は余裕派ともよばれました。

2　俳句は，松尾芭蕉が発展させた俳諧の発句から独立したもので，五・七・五のリズムや季語，切れ字などの特徴があります。俳句の革新を進めた**正岡子規**は，『ホトトギス』を主宰しました。門下の高浜虚子が編集したこの俳句雑誌は，夏目漱石の『吾輩は猫である』などを連載していました。

正岡子規
出典：国立国会図書館
「近代日本人の肖像」
(https://www.ndl.go.jp/portrait/)

3　**黒田清輝**はフランス印象派風の表現に影響を受け，東京美術学校（現・東京藝術大学）で指導するなど，日本の西洋画に影響を与えました。岡倉天心はフェノロサとともに東京美術学校の創立準備にあたった人物です。アメリカ人のフェノロサは，日本美術を再評価し，復興を唱えました。横山大観は岡倉天心の門下生で，日本美術院の中心として活躍しました。

4　**野口英世**は福島県生まれの細菌学者です。その肖像は2004年から千円札の紙幣に採用されていることでも有名です。

おもな医学・薬学
医学 　北里柴三郎…破傷風の血清療法発見，ペスト菌の発見 　志賀潔…赤痢菌の発見
薬学 　高峰譲吉…アドレナリンの抽出，タカジアスターゼの創製 　鈴木梅太郎…ビタミンB1の発見

明治期の自然科学

5　軍備拡張や重工業の発展を目的として日清戦争後に建設されたのが，**八幡製鉄所**です。燃料の石炭を得る筑豊炭田が近く，鉄鉱石を運ぶのに都合がよい北九州に建設されました。

6　足尾銅山鉱毒事件は，農民や漁民が銅山から流れた鉱毒の被害を受けた公害で，栃木県の渡良瀬川流域で発生しました。近代産業の発展に伴って発生した公害問題の原点とされています。問題解決に向けて奔走したのが，当時地元の代議士だった**田中正造**です。

⑤ 社会運動の高まり

□**1**　第一次世界大戦中に大隈内閣が中国に対して提出した，日本の権益拡大の要求を何といいますか。

□**2**　1912年に起きた，藩閥政治を打破して立憲政治を護ることをめざす運動を何といいますか。

□**3**　**2**の運動によって退陣した内閣総理大臣を次から選びましょう。

> 桂太郎　　尾崎行雄　　西園寺公望　　山本権兵衛

□**4**　日露戦争後は，国民の政治参加を求める運動や労働運動が活発化しました。このような民主主義・自由主義的風潮を何といいますか。

□**5**　民本主義を主張し，**4**の運動の理論的指導者となった人物はだれですか。

□**6**　大正時代の民主主義・自由主義をめざす社会運動について述べた次の文には，1箇所誤りがあります。誤りを下線部から1つ選び，正しい答えに直しましょう。

> ヨーロッパで第一次世界大戦が勃発したころ，国内では国民の意見を反映した政治を求める運動が活発化した。当時の<u>衆議院議員は財産による制限選挙</u>だったため，人々は年齢以外の制限のない普通選挙を求める運動を行った。また，<u>平塚らいてう</u>による女性の選挙権を求める運動や，日本労働総同盟をはじめとする労働者組織の結成，部落解放運動などが進められた。<u>米騒動</u>によって，藩閥に推された陸軍出身の<u>寺内正毅</u>内閣が倒れ，衆議院議員で立憲政友会総裁の<u>加藤高明</u>を首相とする初の本格的政党内閣が成立した。しかし，この内閣では普通選挙の実現には至らず，すべての<u>25歳以上の男子</u>に選挙権が与えられるには普通選挙法の成立を待たねばならなかった。

誤　　　　　　　　　　　→　正

1 二十一カ条の要求　　**2** 第一次護憲運動　　**3** 桂太郎

4 大正デモクラシー　　**5** 吉野作造　　**6** 誤：加藤高明　→　正：原敬

解説

1　日英同盟を理由に第一次世界大戦に参戦した日本は，中国山東半島の青島などを占領してドイツ権益を奪い，中国の袁世凱政権に対して**二十一カ条の要求**を突きつけました。この強引な態度に対し，中国国内では反日感情が高まりました。

年	できごと	総理大臣
1905	ポーツマス条約締結	①桂太郎
1906	満鉄設立	①西園寺公望
1910	韓国併合	②桂太郎
1911	辛亥革命勃発	②西園寺公望
1912	明治天皇崩御	
	第一次護憲運動	③桂太郎
1913	大正政変	
1914	第一次世界大戦勃発	②大隈重信
1918	シベリア出兵，米騒動	寺内正毅
1919	選挙法改正	原敬
1923	関東大震災	②山本権兵衛
1925	治安維持法公布	①②加藤高明
	普通選挙法公布	

明治後期～大正期のおもなできごと

2　日清戦争後，藩閥の伊藤博文が憲政党を中心に発足させた立憲政友会が政権を担うようになり，日露戦争後には，藩閥・陸軍勢力に推された桂太郎と立憲政友会の総裁西園寺公望とが交互に組閣する時代となりました。**第一次護憲運動**とは，藩閥政府打倒をめざす民衆の運動で，その中心は政党や新聞記者などの言論人でした。

3　第3次**桂太郎**内閣が退陣に追い込まれたできごとを大正政変とよびます。その後，海軍出身の山本権兵衛が組閣し，立憲政友会と協調を図りました。第3次桂内閣を藩閥政治と批判し，第一次護憲運動を先導したのが立憲政友会の尾崎行雄と立憲国民党の犬養毅です。西園寺公望は桂とともに桂園時代を築いた人物です。

4　第一次世界大戦をきっかけに民主主義的傾向は世界的な流れとなり，日本でも**大正デモクラシー**の風潮が生まれました。社会・労働運動が活発化したこの時期のできごととして，富山を起点に発生した米騒動があります。シベリア出兵に伴う米価高騰が理由でした。

5　**吉野作造**が唱えた民本主義とは，政治の目的は民衆の利益・幸福にあり，政治運営は民意にもとづくべきである，という考え方です。民主主義と異なる点は「天皇主権」が前提となる点です。

成立年	内閣	有権者資格	有権者人口比
1889	黒田清隆	直接国税15円以上，満25歳以上の男子	1.1%
1900	山県有朋	直接国税10円以上，25歳以上の男子	2.2%
1919	原敬	直接国税3円以上，25歳以上の男子	5.5%
1925	加藤高明	25歳以上の男子（男性の普通選挙実現）	20.8%
1945	幣原喜重郎	20歳以上の男女（女性の普通選挙実現）	50.4%

選挙権の変遷

6　初の本格的政党内閣を成立させたのは**原敬**です。平民宰相とよばれた原は積極政策を推進しましたが，普通選挙の実現には消極的で，有権者資格の納税額を引き下げたのみにとどまりました。普通選挙法が成立したのは，1925年の**加藤高明**内閣の時代です。

6 大正期の外交と文化

学習の日付　月　日　正答数　/7

□**1**　第一次世界大戦後に発足した，世界初の国際平和機構を何といいますか。

□**2**　1923 年に関東地方南部を襲った大地震を何といいますか。

□**3**　複数の銀行が経営破綻し，日本中で取り付け騒ぎが起きた 1927 年の恐慌を何といいますか。

4　次の文の①，②にあてはまる人物を次からそれぞれ選びましょう。

大正時代には，工業の発展により都市化が進み，人々の生活向上とともに大衆文化が発展した。1925 年に開始されたラジオ放送によって，人々はニュースやスポーツなどへの関心を高めた。また，明治期以降進められた義務教育の徹底によって識字率が高まったため，新聞や雑誌などの活字文化が発展した。学問も発達し，（　①　）は庶民の風俗や習慣，行事，伝承などを研究する民俗学を確立した。また，憲法学者の（　②　）は天皇機関説を唱えて多くの支持を得た。

河上肇　西田幾多郎　美濃部達吉　津田左右吉　柳田国男

□①　　□②

□**5**　大正・昭和初期の文学について，作品，作者，思潮の組み合わせとして正しいものを次から選び，記号で答えましょう。

ア　『羅生門』— 芥川龍之介 — 新感覚派
イ　『暗夜行路』— 志賀直哉 — 白樺派
ウ　『蟹工船』— 川端康成 — 耽美派
エ　『雪国』— 谷崎潤一郎 — 新思潮派

□**6**　小林多喜二らによって著された，社会主義思想に基づいた革命のための文学を何といいますか。

解説

1 1919年，第一次世界大戦の講和条約としてヴェルサイユ条約が調印されました。ヨーロッパでは新しい秩序が築かれ，翌年**国際連盟**が発足しました。1921年にアメリカ主導で行われたワシントン会議では，極東における国際秩序が形成されました。

2 **関東大震災**では，10万人を超える死者・行方不明者が発生しました。震災の混乱に乗じてデマが流布され，多くの社会主義者や朝鮮人が虐殺される事件が起きました。

3 関東大震災後に発行された震災手形の多くが回収不能となったことが，**金融恐慌**の引き金となりました。田中義一内閣が出した支払猶予令（モラトリアム）によって，恐慌はいったん収束しましたが，1929年にアメリカから起きた世界恐慌によって，国内の産業は打撃を受け，再び不況が深刻化しました（昭和恐慌）。

4 ①**柳田国男**は日本民俗学の創始者として，民俗学研究の発展に尽力しました。代表作に岩手県遠野地方に伝わる逸話や民間伝承をまとめた『遠野物語』があります。

②**美濃部達吉**が唱えた天皇機関説とは，天皇は国家の最高機関にすぎず，統治権の主体はあくまで法人としての国家にあるとする憲法学説です。大正時代には政治家や学界に広く受け入れられていましたが，軍部が力を持ち始めた時期に批判されるようになりました。貴族院議員だった美濃部は辞職に追い込まれ，著書の一部は発禁処分となりました。

5 明治後期に最盛期を迎えた自然主義に対し，反対の立場をとったのが反自然主義の作家たちです。代表作『暗夜行路』で著名な**志賀直哉**ら**白樺派**は『白樺』という雑誌を中心に活動した集団で，個性の尊重や人道主義・理想主義を追求した作風です。耽美派は美を追究する芸術的作風で，雑誌『スバル』に代表されます。そのほか『新思潮』で活動する理知的な性格の新思潮派，『文芸時代』を中心にリアリズムを見直す動きから生じた新感覚派など，新たな思潮が複数生まれました。

6 大正期には共産主義，社会主義的な思想の研究や運動が活発化しました。マルクス主義のもと，プロレタリアート（労働者階級）の立場から労働者の現実を描いた文学を**プロレタリア文学**とよびます。治安維持法の成立などを経て，政府の弾圧対象となり，小林多喜二は逮捕の末に虐殺されました。

反自然主義	
白樺派	『暗夜行路』（志賀直哉） 『友情』（武者小路実篤） 『或る女』（有島武郎）
耽美派	『細雪』（谷崎潤一郎） 『腕くらべ』（永井荷風）
新思潮派	『羅生門』『鼻』（芥川龍之介） 『父帰る』（菊池寛） 『路傍の石』（山本有三）
そのほか	
新感覚派	『伊豆の踊子』『雪国』（川端康成）
プロレタリア文学	『蟹工船』（小林多喜二） 『太陽のない街』（徳永直）

大正・昭和初期の文学

7 満州事変と太平洋戦争

□**1** 右の図は，日露戦争後に日本が権益を得た鉄道路線を示したものです。中国北東部で活動した日本の陸軍によって1932年に建国宣言された，右の図中Aの国を何といいますか。

2 海軍の青年将校が当時の首相を暗殺した，1932年の事件を何といいますか。また，その首相はだれですか。

□事件 　　　　　　　　　　□首相

□**3** 1936年に陸軍の一部が天皇親政を掲げて起こした，クーデター未遂事件を何といいますか。

4 右の表中①〜④にあてはまる語句を次からそれぞれ選び，記号で答えましょう。

ア　日独伊三国同盟　　イ　日ソ中立条約
ウ　第二次世界大戦　　エ　日中戦争

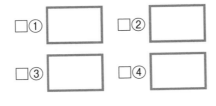

年	できごと
1937	盧溝橋事件
	（ ① ）開戦
	日独伊三国防共協定調印
1938	国家総動員法公布
1939	（ ② ）開戦
1940	（ ③ ）成立
	大政翼賛会発足
1941	（ ④ ）調印
	真珠湾攻撃
	太平洋戦争開戦

□① 　　□② 　　□③ 　　□④

□**5** 表中③のときの総理大臣で，アメリカとの開戦回避交渉につとめた人物はだれですか。

□**6** 日本の南仏領インドシナ進駐をきっかけに，アメリカ，イギリス，中国，オランダがとった対日石油輸出禁止による経済封鎖を何といいますか。

解説

1 日露戦争後，南満州の権益を得た日本は南満州鉄道株式会社（満鉄）を設立しました。蒋介石の北伐や山東出兵，張作霖爆殺事件などを経て，日本の権益を守るためには武力行使もやむなしとする強硬論が出始めると，関東軍は自ら満鉄の線路を爆破し（柳条湖事件），これを中国側の行為として中国軍へ攻撃を開始しました（満州事変）。関東軍は若槻礼次郎内閣の声明に従うことなく侵攻を進め，1932年，清朝最後の皇帝溥儀を執政に据えた**満州国**建国が宣言されました。

2 満州国承認に消極的な**犬養毅**は，急進派の海軍将校に射殺され（**五・一五事件**），政党内閣は終焉を迎えました。のちに海軍出身の斉藤実が首相となり，斉藤内閣は満州国を承認しました。リットン報告書にもとづき，国際連盟は日本軍の満州撤退を勧告しましたが，反発した日本は国際連盟を脱退し，国際的に孤立していきました。

犬養毅

出典：国立国会図書館
「近代日本人の肖像」
(https://www.ndl.go.jp/portrait/)

3 軍部が政治的な力を強めるなか，陸軍皇道派の青年将校が首相や閣僚を襲撃して官邸を占拠する事件（**二・二六事件**）を起こしました。当時，陸軍内部では天皇親政をめざす皇道派と，軍中心の一元的な統制をめざす統制派とよばれる勢力に分かれていました。この事件は同じ陸軍によって鎮圧されました。

4 ①満州事変後，中国では政治的に対立していた国民党と共産党が手を結び，抗日民族統一戦線がつくられました。1937年，日本軍と中国軍が衝突した盧溝橋事件をきっかけに，**日中戦争**が始まりました。日本は南京を占領しましたが，アメリカ・イギリスらの支援を受けた国民政府は重慶で抵抗を続け，戦争は長期化しました。日本国内では国家総動員法が出され，国をあげての総力戦となりました。

②1939年，ドイツのポーランド侵攻を契機に，**第二次世界大戦**が始まりました。日本では当初優勢だったドイツの影響を受けて一国一党が唱えられるようになり，大政翼賛会が発足しました。

③ドイツ・イタリアと**日独伊三国同盟**を結んだ日本は，連合国が支配する東南アジアへの進出政策を進めました。

④1941年には**日ソ中立条約**に調印し，日米関係はさらに悪化することとなりました。

5 当時の**近衛文麿**首相はアメリカとの交渉を続けましたが進展せず，代わって陸軍大臣だった東条英機が首相となりました。

6 1941年の**ＡＢＣＤ包囲陣**（America, Britain, China, Dutch）による経済封鎖によって石油の輸入が途絶えていたため，開戦は不可避と考えられるようになりました。同年12月，日本海軍がハワイの真珠湾を攻撃して，太平洋戦争が始まりました。

□**1**　1945 年 7 月にアメリカ・イギリス・中国の名で
発せられた，日本に対する無条件降伏勧告を何とい
いますか。

□**2**　戦後の日本で行われた改革について，改革のもと
となる指令を出した組織の名称を何といいますか。

3　右の表中①～③にあてはまる語句をそれぞれ書
きましょう。

□①

□②

□③

非軍事化のための改革
・（　①　）の開廷 　…戦争犯罪人の戦争責任追及 ・公職追放 ・治安維持法の廃止 ・陸軍・海軍の解体 ・軍需産業の停止，兵器没収

民主化のための改革
A ・日本国憲法の制定 ・衆議院議員選挙法改正 　…女性の（　②　）実現 B ・労働三法の公布 C ・教育基本法の公布 　…義務教育 9 年間，男女共学 ・（　③　） 　…自作農を創設 ・財閥解体

4　表中の下線部 A について，日本国憲法の三大原則をそれぞれ書きましょう。

□　　　　　　　　　□　　　　　　　　　□

□**5**　表中の下線部 B のうち，労働者の権利を守るた
めに制定された，週 48 時間労働や女子・年少者の深
夜労働禁止などを定めた法を何といいますか。

□**6**　表中の下線部 C の施行にともなって失効が決まっ
た，「忠君愛国」の精神を育む教育方針を何といいま
すか。

1 ポツダム宣言　　**2** 組織名：GHQ　　**3** ① 極東国際軍事裁判
② 参政権　　③ 農地改革　　**4** 国民主権・平和主義・基本的人権の尊重
5 労働基準法　　**6** 教育勅語

解説

1 　日本は「大東亜共栄圏」を掲げてアジア諸地域を占領しましたが，次第に戦況は悪化し，アメリカにより本土空襲，沖縄占領などが行われました。1945年8月，広島と長崎に原子爆弾が投下され，日本は**ポツダム宣言**を受諾しました。同月15日，昭和天皇はラジオ放送で国民に終戦を知らせました（玉音放送）。

I　婦人参政権の付与による女性解放
II　労働組合の結成奨励
III　教育の自由主義的改革
IV　圧政的制度の廃止
V　経済の民主化

五大改革指令の内容

2 　敗戦後，連合国軍に占領された日本に置かれたのが，最高司令官をマッカーサーとする連合国軍最高司令官総司令部（**GHQ**）です。実質的にはアメリカの単独占領でした。日本の非軍事化・民主化を方針としたGHQは，日本に五大改革指令を出しました。日本政府は連合国軍のもとに置かれ，軍の命令に従って幣原喜重郎内閣が改革に取り組みました（間接統治）。

3 　①1946年，**極東国際軍事裁判**（東京裁判）が行われ，東条英機元首相ら28名が裁かれました。

　②衆議院議員選挙法改正により婦人**参政権**が認められ，翌年の衆院選では女性議員39名が誕生しました。政党の再結成も進み，日本自由党を第一党とする政党内閣が復活しました。

　③不在地主の土地や在村地主所有の一定以上の土地を国が強制的に買い上げ，小作人に安く売ることで自作農を増やす**農地改革**が行われました。地主制度は解体され，農民の生産力や生活水準の向上が図られました。財閥は解体され，独占禁止法によって市場の自由競争が促されました。

4 　吉田茂内閣のもと，日本国憲法が公布されました。天皇は日本国の象徴と位置づけられ，「法の支配」の立場から**国民主権**，**平和主義**，**基本的人権の尊重**を三大原則としていることが大きな特徴です。憲法公布とあわせて，地方自治法の制定，民法改正などが行われました。

> 日本国民は，正当に選挙された国会における代表者を通じて行動し，（中略）政府の行為によつて再び戦争の惨禍が起ることのないやうにすることを決意し，ここに主権が国民に存することを宣言し，この憲法を確定する。（中略）日本国民は，恒久の平和を念願し，（中略）平和を愛する諸国民の公正と信義に信頼して，われらの安全と生存を保持しようと決意した。

日本国憲法 前文（抜粋）

5 　労働組合法，**労働基準法**，労働関係調整法を労働三法とよびます。労働組合法では，団結権，団体交渉権，団体行動権（ストライキなど）が認められています。

6 　1947年に教育基本法，学校教育法が公布され，男女共学や小学校6年・中学校3年の義務教育が定められました。これに伴い，明治以来教育理念とされてきた**教育勅語**は失効しました。

冷戦下の日本

1　次の文の①〜③にあてはまる語句をそれぞれ書きましょう。

　　労働者の革命によって（　①　）主義国となったソ連は，もともと（　②　）主義諸国とは対立する立場だったが，戦時中は（　③　）勢力に対抗するため米・英と協調していた。第二次世界大戦後，ソ連と米・英・仏はドイツから解放された地域を勢力下におくことを考えるようになり，ソ連が支配する地域と米・英・仏の影響下にある地域に欧州は分断された。この対立により，世界の諸地域はソ連率いる（　①　）主義陣営（東側）とアメリカ率いる（　②　）主義陣営（西側）に二分された。

□①　　　　　　　　　□②　　　　　　　　　□③

□**2**　第二次世界大戦後に始まった，ソ連とアメリカの
　　直接戦火を交えない対立を何といいますか。

□**3**　二つの国家が樹立した朝鮮半島で，1950年に始ま
　　った戦争を何といいますか。

□**4**　**3**の戦争の際に，日本の治安維持を目的としてＧＨＱの指示により創設された
　　組織を次から選びましょう。

　　　　警察予備隊　　保安隊　　警備隊　　自衛隊

5　右の表中①，②にあてはまる語句をそれ
　　ぞれ書きましょう。

□①

□②

年	できごと
1951	（　①　）条約締結 …日本と連合国との講和条約
1954	ビキニ水爆実験で第五福竜丸が被爆
1955	第1回原水爆禁止世界大会開催
1956	日ソ共同宣言調印 日本が（　②　）に加盟
1971	沖縄返還協定調印

□**6**　表中①と同時に締結した，アメリカ軍の日本国内
　　駐留を定めた条約を何といいますか。

解説

1 ①**社会**主義とは，生産手段を公有化することで社会的な不平等をなくそうという思想です。ソ連（ソヴィエト社会主義共和国連邦）は世界初の社会主義国として誕生しました。

②**自由**主義とは，人間の権利や自由を尊重することを基本とする思想で，生産手段を私有化して利益を得る資本主義の考え方と密接に関わるため，社会主義思想とは対立することになります。

③**ファシズム**とは，枢軸国とよばれたイタリアのムッソリーニやドイツのヒトラーが掲げた，自由主義および社会主義を否定する独裁的な政治体制を指します。

2 第二次世界大戦後，世界は自由主義陣営と社会主義陣営に二分され，**冷たい戦争**に突入しました。冷戦の象徴である敗戦国ドイツは，ソ連が占領する東ドイツと米・英・仏が占領する西ドイツに分断されました。首都ベルリンは東ドイツの中にありながら，ソ連の管理地域と米・英・仏が管理する地域とに二分され，西ベルリンを囲むベルリンの壁が作られました。東アジアでは，毛沢東率いる共産党が中華人民共和国の建国を宣言し，東欧では親ソ政権が誕生して，各陣営の対立が深まりました。

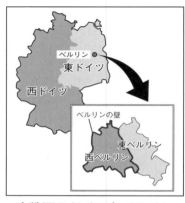

冷戦下のドイツとベルリン

3 日本の支配下にあった朝鮮半島は，戦後北緯38度線を境に米ソによって分割され，北部に朝鮮民主主義人民共和国（北朝鮮），南部に大韓民国（韓国）が成立しました。**朝鮮戦争**が始まると，アメリカを中心とする国連軍が韓国側に，中国の義勇軍が北朝鮮側につくなどして泥沼化し，約3年後に休戦協定が結ばれるまで朝鮮半島のほぼ全域で戦闘が行われました。

4 朝鮮戦争勃発に伴い，アメリカは日本に**警察予備隊**の創設を指示しました。警察予備隊はのちに保安隊，自衛隊へと改編されました。

5 ①朝鮮戦争をきっかけにアメリカは日本の経済復興と自立を急ぐようになり，講和に向けた動きが進みました。1951年，**サンフランシスコ平和**条約の締結によって日本の主権が回復しましたが，ソ連や社会主義諸国はこの講和会議に不参加だったため，西側陣営の国との講和にとどまりました。

②1956年の日ソ共同宣言によってソ連との国交が回復すると，日本は**国際連合**加盟が認められ，国際社会に復帰しました。

6 サンフランシスコ平和条約とともに結ばれた**日米安全保障条約**では，アメリカが日本の防衛を担い，独立回復後もアメリカ軍が日本とその周辺に駐留することが決められました。また，日米行政協定も調印され，日本から駐留軍へ基地提供を行うことが定められました。

経済成長と国際社会

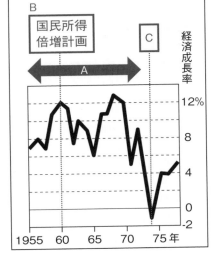

□**1** 右の表中Aの時期に，日本の経済が急成長したことを一般的に何といいますか。

□**2** 右の表中Bの政策を本格化させた，当時の内閣総理大臣を次から選びましょう。

岸信介　　池田勇人
佐藤栄作　　田中角栄

□**3** 物価高騰を招き，表中Aを終わらせるきっかけとなった，表中Cにあてはまるできごとは何ですか。

□**4** 1972年には，日中の国交が回復しました。このときに発表された声明を何といいますか。

5 右の表は，この時期に発生した四大公害についてまとめたものです。表中①〜④にあてはまる語句を次からそれぞれ選び，記号で答えましょう。

ア　水質汚濁　　イ　水俣病
ウ　大気汚染　　エ　イタイイタイ病

公害	発生場所	原因
（　①　）	熊本県 水俣湾周辺	（　③　）
（　②　）	富山県 神通川流域	（　③　）
四日市ぜんそく	三重県 四日市市	（　④　）
新潟（　①　）	新潟県 阿賀野川流域	（　③　）

□① 　　　　□② 　　　　□③ 　　　　□④

解説

1　朝鮮戦争に際し，アメリカ軍が多くの物資や軍需品を日本から調達したことで，日本経済は好景気に沸きました（朝鮮特需）。日本では重工業の技術革新が著しく進み，独立回復とともに年平均10％台の経済成長率を維持し続ける**高度経済成長**に突入しました。のちに IMF（国際通貨基金），GATT（関税及び貿易に関する一般協定）といった国際経済の枠組みのなかで貿易と為替の自由化に踏み出し，OECD（経済協力開発機構）への加入を経て，日本は名実ともに先進国となりました。

2　1960 年，10 年間で国民総生産を 2 倍にするという「国民所得倍増計画」を**池田勇人**内閣が閣議決定し，経済重視の政策を進めました。岸信介は，新安保条約に調印した人物です。日米の相互防衛義務が明確になったことで，日本が戦争に巻き込まれるのではないかという世論が高まり，安保闘争に発展しました。池田内閣に続く佐藤栄作内閣は，非核三原則を表明し，日韓基本条約を結んで韓国との国交回復などを行いました。小笠原諸島と沖縄が日本に復帰したのもこの時期です。田中角栄は「日本列島改造」を掲げ，インフラによって地方を振興させる政策を行いました。

3　第 4 次中東戦争（アラブ諸国とユダヤ国家イスラエルとの対立）の際，アラブ諸国が原油の供給削減，価格の大幅な値上げをしたことにより，**石油危機**が起きました。低価格の原油供給に頼っていた日本経済はダメージを受け，高度経済成長に終止符が打たれました。

4　アメリカはベトナム戦争で低下した国際的威信を回復させるため，対立していた国々との関係回復を図りました。台湾の国民政府を承認していたアメリカは，中華人民共和国とは冷戦状態でしたが，ニクソン大統領が訪中して「唯一の中国」として承認し直しました。日本も対中国政策を転換することとなり，田中角栄首相が訪中して**日中共同声明**を発表して日中国交回復が実現しました。

年	できごと
1953	テレビ放送開始
	水俣病発生
1955	電気洗濯機の普及
1960	カラーテレビ放送開始
	四日市ぜんそく発生
1964	海外旅行自由化
	東海道新幹線開業
	オリンピック東京大会開催
	新潟水俣病発生
1967	公害対策基本法成立
	イタイイタイ病発生
1970	日本万国博覧会開催
	光化学スモッグ問題発生
1971	環境庁発足

高度経済成長期の国民生活と公害

5　①高度経済成長期に急速な工業化が進むと，各地で公害問題が発生しました。熊本と新潟で発生した**水俣病**は，水銀中毒によって神経障害が起こる疾患です。

　②**イタイイタイ病**は鉱業所の排水中のカドミウムを原因とした公害で，富山県の神通川流域で発生しました。骨がもろくなったり，腎機能の低下が引き起こされたりします。

　③水俣病やイタイイタイ病の原因は**水質汚濁**です。工場排水で汚染された魚を食べた住民らが発症しました。

　④四日市ぜんそくは石油コンビナートが排出したガスによる煙害で，**大気汚染**により住民にぜんそく症状が出現しました。

1 次の文の①〜④にあてはまる語句を次からそれぞれ選び，記号で答えましょう。

> 1989年1月に昭和天皇が崩御し，国内外，天地の平和が達成されるという意味が込められた「（　①　）」に改元された。（　①　）は，冷たい戦争の終結によって生まれた新たな国際関係の中で，テロや地域紛争が頻発した時代であった。国内では（　②　）の崩壊や（　③　）事件，2度の震災などが発生し，社会的，経済的にも不安定な時代だったといえる。いっぽう，インターネットが普及し，IT技術の発達やICT産業の発展によって（　④　）が進んだ時代でもある。

ア　グローバル化　　イ　バブル経済　　ウ　地下鉄サリン　　エ　平成

□①　　　　　□②　　　　　□③　　　　　□④

2 右の表は，1990年以降の中東・アラブ諸国でのできごとをまとめたものです。表中①，②にあてはまる国をそれぞれ書きましょう。

□①

□②

年	できごと
1990	クウェート侵攻 …（　①　）による占領
1991	湾岸戦争 …（　②　）を主力とした 多国籍軍が（　①　）を攻撃
2001	（　②　）で同時多発テロ発生
2003	（　①　）戦争
2011	アラブの春 …中東諸国での民主化運動

□**3** 1995年に関西地方で，2011年に東北地方を中心に起きた震災をそれぞれ何といいますか。

□1995年　　　　　　　□2011年

□**4** 平成元年のNHK大河ドラマ『春日局』は大河ドラマ歴代3位の視聴率でした。歴代視聴率第1位の作品を次から選び，記号で答えましょう。

ア　『天地人』　　イ　『篤姫』　　ウ　『独眼竜政宗』　　エ　『真田丸』

89

1 ① エ ② イ ③ ウ ④ ア **2** ① イラク ② アメリカ

3 1995：阪神・淡路大震災 2011：東日本大震災 **4** ウ

解説

1 ①**平成**元年（1989年）ベルリンの壁が崩壊し，直後の
マルタ会談でアメリカのブッシュ大統領とソ連のゴルバ
チョフ書記長が事実上の冷戦終結を宣言しました。ゴルバ
チョフが行ったペレストロイカにより，ソ連では共産
党の一党制廃止や民主化・自由化が進んだ結果，影響下
の共和国は独立し，ソ連は解体されました。いっぽう中
国では，天安門事件を機に共産党体制が強化されました。

②日本国内では，80年代後半からの**バブル経済**が90
年代初頭に崩壊し，不況の時代に突入しました。また，
細川護熙連立内閣が成立し，自民党の55年体制が終焉を
迎えました。

③**地下鉄サリン**事件は，オウム真理教の構成員が東京
の地下鉄にサリンを散布し，乗客を殺害した事件です。

④現代社会の**グローバル化**を支えるうえで重要な役割
を果たしたのが情報通信技術の発展です。国境を越えたヒト，モノ，サービスの移動が活発化した
現代では，インターネット環境は生活インフラのひとつとして不可欠な存在になっています。

年	できごと
1989	昭和天皇崩御，平成に改元
	消費税導入
	ベルリンの壁崩壊
1990	東西ドイツの統一
1991	湾岸戦争
	ソ連の解体
1992	PKO協力法成立
1995	阪神・淡路大震災発生
	地下鉄サリン事件発生
2001	アメリカで同時多発テロ発生
2003	イラク戦争
2011	東日本大震災発生
2019	天皇退位，令和に改元

平成のおもなできごと

2 ①イランとの戦争による財政難を打開しようとした**イラク**は，産油国のクウェートに侵攻しまし
た。国連はこの侵攻を非難し，多国籍軍がイラクを攻撃したのが湾岸戦争です。

②**アメリカ**は2001年の同時多発テロを受けて「対テロ戦争」を宣言しました。テロ組織アル＝カー
イダを攻撃するためにアフガニスタンを，大量破壊兵器所有の疑いがあるとしてイラクを，それぞ
れ攻撃しました。

3 **阪神・淡路大震災**では，神戸市を中心とした阪神地方の都市機能が壊滅的な状況となり，多く
の家屋やビル，道路などが損壊しました。この震災を機に，建築物の耐震基準の見直しや危機管理
体制の強化が図られるようになりました。**東日本大震災**では，地震により引き起こされた大津波
により，各地に甚大な損害がもたらされ，福島第一原子力発電所では原子力事故が発生しました。

4 テレビの本放送はNHKで始まりま
した。1960年にカラー放送が開始さ
れ，その3年後に大河ドラマの放送が
始まりました。1987年の『**独眼竜政
宗**』は仙台藩主伊達政宗を扱った作品
で，歴代1位の視聴率を記録しました
（2023年現在）。

年	タイトル	年	タイトル
1964	赤穂浪士	1996	秀吉
1965	太閤記	2002	利家とまつ
1981	おんな太閤記	2008	篤姫
1987	独眼竜政宗	2009	天地人
1988	武田信玄	2014	軍師官兵衛
1989	春日局	2016	真田丸
1995	八代将軍 吉宗	2022	鎌倉殿の13人

NHK歴代大河ドラマ

付録

旧国名ドリル

令制国（五畿七道）

地図に振られた番号に対応する旧国名を右ページに書きましょう。
右側のかっこには，よみがなを書きましょう。

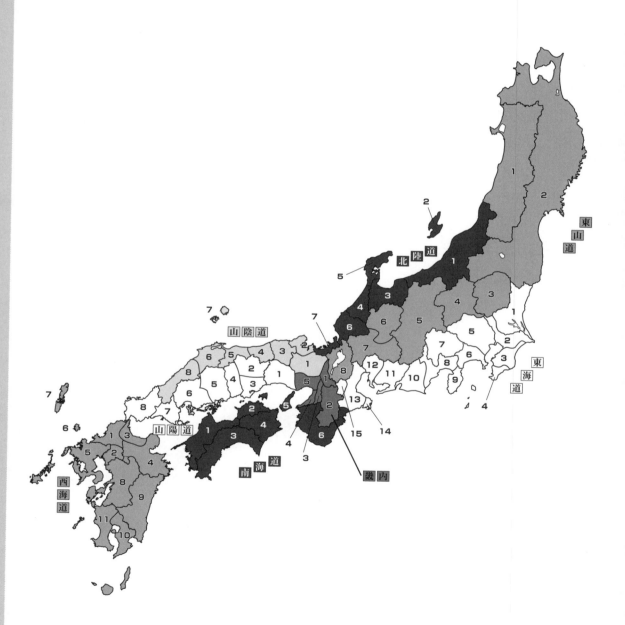

五　畿

畿　内

1 ＿＿＿＿　（　　　　）

2 ＿＿＿＿　（　　　　）

3 ＿＿＿＿　（　　　　）

4 ＿＿＿＿　（　　　　）

5 ＿＿＿＿　（　　　　）

七　道

山　陽　道

1 ＿＿＿＿　（　　　　）

2 ＿＿＿＿　（　　　　）

3 ＿＿＿＿　（　　　　）

4 ＿＿＿＿　（　　　　）

5 ＿＿＿＿　（　　　　）

6 ＿＿＿＿　（　　　　）

7 ＿＿＿＿　（　　　　）

8 ＿＿＿＿　（　　　　）

山　陰　道

1 ＿＿＿＿　（　　　　）

2 ＿＿＿＿　（　　　　）

3 ＿＿＿＿　（　　　　）

4 ＿＿＿＿　（　　　　）

5 ＿＿＿＿　（　　　　）

6 ＿＿＿＿　（　　　　）

7 ＿＿＿＿　（　　　　）

8 ＿＿＿＿　（　　　　）

南海道

1 ＿＿＿＿　（　　　　）

2 ＿＿＿＿　（　　　　）

3 ＿＿＿＿　（　　　　）

4 ＿＿＿＿　（　　　　）

5 ＿＿＿＿　（　　　　）

6 ＿＿＿＿　（　　　　）

西海道

1 ＿＿＿＿　（　　　　）

2 ＿＿＿＿　（　　　　）

3 ＿＿＿＿　（　　　　）

4 ＿＿＿＿　（　　　　）

5 ＿＿＿＿　（　　　　）

6 ＿＿＿＿　（　　　　）

7 ＿＿＿＿　（　　　　）

8 ＿＿＿＿　（　　　　）

9 ＿＿＿＿　（　　　　）

10 ＿＿＿＿　（　　　　）

11 ＿＿＿＿　（　　　　）

東海道

1 ＿＿＿＿　（　　　　）

2 ＿＿＿＿　（　　　　）

3 ＿＿＿＿　（　　　　）

4 ＿＿＿＿　（　　　　）

5 ＿＿＿＿　（　　　　）

6 ＿＿＿＿　（　　　　）

7 ＿＿＿＿　（　　　　）

8 ＿＿＿＿　（　　　　）

9 ＿＿＿＿　（　　　　）

10 ＿＿＿＿　（　　　　）

11 ＿＿＿＿　（　　　　）

12 ＿＿＿＿　（　　　　）

13 ＿＿＿＿　（　　　　）

14 ＿＿＿＿　（　　　　）

15 ＿＿＿＿　（　　　　）

北陸道

1 ＿＿＿＿　（　　　　）

2 ＿＿＿＿　（　　　　）

3 ＿＿＿＿　（　　　　）

4 ＿＿＿＿　（　　　　）

5 ＿＿＿＿　（　　　　）

6 ＿＿＿＿　（　　　　）

7 ＿＿＿＿　（　　　　）

東山道

1 ＿＿＿＿　（　　　　）

2 ＿＿＿＿　（　　　　）

3 ＿＿＿＿　（　　　　）

4 ＿＿＿＿　（　　　　）

5 ＿＿＿＿　（　　　　）

6 ＿＿＿＿　（　　　　）

7 ＿＿＿＿　（　　　　）

8 ＿＿＿＿　（　　　　）

解　答

【五畿（ごき）】

▶畿内（きない）

　1 山城（やましろ）　**2** 大和（やまと）　**3** 河内（かわち）　**4** 和泉（いずみ）　**5** 摂津（せっつ）

【七道（しちどう）】

▶山陽道（さんようどう）

　1 播磨（はりま）　**2** 美作（みまさか）　**3** 備前（びぜん）　**4** 備中（びっちゅう）　**5** 備後（びんご）
　6 安芸（あき）　**7** 周防（すおう）　**8** 長門（ながと）

▶山陰道（さんいんどう）

　1 丹波（たんば）　**2** 丹後（たんご）　**3** 但馬（たじま）　**4** 因幡（いなば）　**5** 伯耆（ほうき）
　6 出雲（いずも）　**7** 隠岐（おき）　**8** 石見（いわみ）

▶南海道（なんかいどう）

　1 伊予（いよ）　**2** 讃岐（さぬき）　**3** 土佐（とさ）　**4** 阿波（あわ）　**5** 淡路（あわじ）　**6** 紀伊（きい）

▶西海道（さいかいどう）

　1 筑前（ちくぜん）　**2** 筑後（ちくご）　**3** 豊前（ぶぜん）　**4** 豊後（ぶんご）　**5** 肥前（ひぜん）　**6** 壱岐（いき）
　7 対馬（つしま）　**8** 肥後（ひご）　**9** 日向（ひゅうが）　**10** 大隅（おおすみ）　**11** 薩摩（さつま）

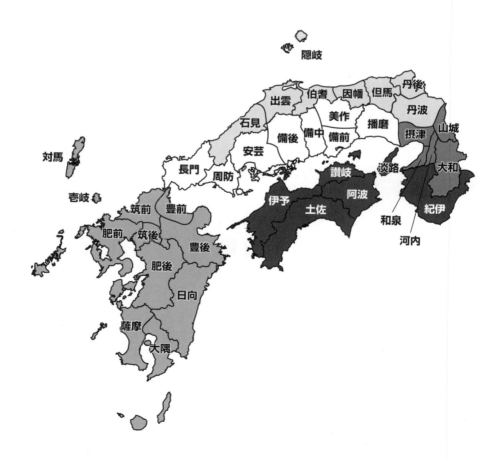

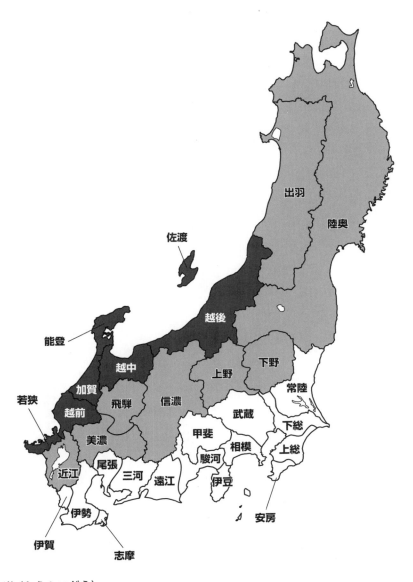

▶東海道（とうかいどう）

   1 常陸（ひたち） **2** 下総（しもうさ） **3** 上総（かずさ） **4** 安房（あわ） **5** 武蔵（むさし）

   6 相模（さがみ） **7** 甲斐（かい） **8** 駿河（するが） **9** 伊豆（いず） **10** 遠江（とおとうみ）

   11 三河（みかわ） **12** 尾張（おわり） **13** 伊勢（いせ） **14** 志摩（しま） **15** 伊賀（いが）

▶北陸道（ほくりくどう）

   1 越後（えちご） **2** 佐渡（さど） **3** 越中（えっちゅう） **4** 加賀（かが） **5** 能登（のと）

   6 越前（えちぜん） **7** 若狭（わかさ）

▶東山道（とうさんどう）

   1 出羽（でわ） **2** 陸奥（むつ） **3** 下野（しもつけ） **4** 上野（こうずけ） **5** 信濃（しなの）

   6 飛騨（ひだ） **7** 美濃（みの） **8** 近江（おうみ）

© Edit, Ltd., 2023, Printed in Japan

再挑戦！
大人のおさらい日本史ドリル

2023 年 11 月 10 日　　初版第 1 刷発行

編　者　語研編集部
制　作　ツディブックス株式会社
発行者　田中 稔
発行所　株式会社 語研
　　　　〒 101-0064
　　　　東京都千代田区神田猿楽町 2-7-17
　　　　電　　話 03-3291-3986
　　　　ファクス 03-3291-6749
編集協力 株式会社エディット
印刷・製本 シナノ書籍印刷株式会社

ISBN978-4-87615-382-4 C0021
書名　サイチョウセン　オトナノオサライニホンシドリル
編者　ゴケンヘンシュウブ
著作者および発行者の許可なく転載・複製することを禁じます。

定価：本体 1,200 円＋税（税込定価：1,320 円）
乱丁本，落丁本はお取り替えいたします。

株式会社 語研
語研ホームページ https://www.goken-net.co.jp/

本書の感想は
スマホから↓